Procuram-se padres

Antonio José de Almeida

Procuram-se padres

Centralidade da Eucaristia e escassez de clero

Dados Internacionais de Catalogação na Publicação (CIP)
(Câmara Brasileira do Livro, SP, Brasil)

Almeida, Antonio José de
Procuram-se padres : centralidade da eucaristia e escassez de clero /
Antonio José de Almeida. – São Paulo : Paulinas, 2018. – (Pastoral)

ISBN 978-85-356-4428-9

1. Eucaristia 2. Ministério - Igreja Católica 3. Padres - Vida religiosa
4. Presbíteros 5. Teologia pastoral 6. Vida cristã 7. Vocação sacerdotal
I. Título. II. Série.

18-17465   CDD-253

Índice para catálogo sistemático:
1. Identidade e espiritualidade : Padres : Ministério pastoral : Cristianismo   253

Iolanda Rodrigues Biode - Bibliotecária - CRB-8/10014

1ª edição – 2018

Direção-geral:	*Flávia Reginatto*
Editores responsáveis:	*Vera Ivanise Bombonatto*
	Antonio Francisco Lelo
Coordenação de revisão:	*Marina Mendonça*
Copidesque:	*Ana Cecilia Mari*
Revisão:	*Equipe Paulinas*
Gerente de produção:	*Felício Calegaro Neto*
Projeto gráfico:	*Wilson Teodoro Garcia*
Capa e diagramação:	*Jéssica Diniz Souza*

Nenhuma parte desta obra poderá ser reproduzida ou transmitida por qualquer forma e/ou
quaisquer meios (eletrônico ou mecânico, incluindo fotocópia e gravação) ou arquivada em
qualquer sistema ou banco de dados sem permissão escrita da Editora. Direitos reservados.

Paulinas

Rua Dona Inácia Uchoa, 62
04110-020 – São Paulo – SP (Brasil)
Tel.: (11) 2125-3500
http://www.paulinas.com.br – editora@paulinas.com.br
Telemarketing e SAC: 0800-7010081
© Pia Sociedade Filhas de São Paulo – São Paulo, 2018

Sumário

Prefácio 7

Introdução 15

CAPÍTULO I
"Estavam como ovelhas sem pastor" (Mc 6,34) 19

CAPÍTULO II
As saídas propostas 27

CAPÍTULO III
O que está em jogo teologicamente? 39

CAPÍTULO IV
Por um novo modelo de presbítero 77

CAPÍTULO V
Questões teológicas, pastorais e disciplinares específicas........95

Anexos 105

Bibliografia 155

Prefácio

O Padre Antônio José de Almeida não precisa de apresentações. É bem conhecido por seus inúmeros trabalhos teológicos sobre os ministérios na Igreja. Entretanto, ele houve por bem me pedir que prefaciasse seu novo livro que trata do tema candente da enorme quantidade de comunidades católicas que não podem participar semanalmente da celebração da Eucaristia. Aceitei de bom grado, pois o pedido muito me honra e, principalmente, por abordar um tema teológico de central importância teológica e pastoral.

A impossibilidade da participação dominical da Eucaristia não é um problema pastoral entre muitos outros que se poderiam tratar ou que se poderiam lamentar. É algo que toca o coração mesmo de nossa identidade cristã. Não sem razão, Almeida evoca já nas primeiras páginas o exemplo dos mártires de Abitene, mortos na perseguição de Diocleciano no ano 303, por se terem reunido para celebrar a Eucaristia. Perguntados pela razão de terem desobedecido à proibição do imperador, responderam: *Sine domínico non possumus* [Não podemos viver sem a Eucaristia dominical].

Hoje milhares de comunidades no Brasil e no mundo são condenadas a viver e subsistir sem a Eucaristia dominical. Não só. Muitas vezes nem sequer mensal e nem mesmo anual. Que fazer?

O Padre Almeida, depois de uma argumentação teológica substanciosa, apresentada com muito respeito, clareza e equilíbrio, propõe uma solução bastante simples e óbvia: a instituição de uma nova figura de presbítero que ele chama de "presbíteros das comunidades". Seriam pessoas maduras, de vida cristã comprovada, escolhidas pelas próprias comunidades e que exerceriam o ministério presbiteral restritamente no local de sua moradia. Não se trataria de realizar uma pastoral vocacional nos moldes atuais, para *viri probati*, segundo a expressão latina consagrada, quando se fala da flexibilização da lei do celibato para o clero da Igreja latina. Não, não é a mudança do público-alvo da pastoral vocacional, buscando pessoas que sintam interiormente o chamado de Deus, mas infelizmente são casados... Outra é a perspectiva. Almeida

7

alude, a propósito, à prática da Igreja antiga de até mesmo impor a aceitação do ministério contra a vontade da pessoa em questão, quando se trata de uma necessidade da comunidade eclesial.

Gostaria de aprofundar esse aspecto, recordando uma polêmica que se instalou há pouco mais de um século. Atualmente, a chamada "pastoral vocacional" procura entre os jovens quem se "sinta" chamado por Deus ao ministério. É uma questão subjetiva que, em última análise, transcorre entre Deus e o sujeito. Essa primazia do sujeito na vocação é uma percepção recente que foi crescendo em aceitação a partir do começo do século XX, não sem polêmicas. No fundo, testemunha uma concessão da Igreja ao individualismo e ao subjetivismo modernos.[1]

O avanço dessa concepção individualista no século XX começa com uma derrota que decidiu o embate entre duas visões de vocação: a moderna, subjetivista, defendida pelo Padre Louis Branchereau, sulpiciano francês, que concebia a vocação como um germe posto por Deus no coração humano, que a Igreja tinha que reconhecer e acolher; a tradicional, eclesiológica, representada pelo cônego Joseph Lahitton, da Diocese de Aire (França), que sustentava não existir vocação prévia ao chamamento por parte da Igreja que convoca aqueles de que necessita e julga aptos para o ministério. A primeira concepção poderia ser suspeita de aproximar-se a uma visão calvinista de predestinação; a segunda tem raízes profundas na mais antiga tradição eclesial, que reconhecia, como critério de autenticidade da vocação, a resistência do sujeito, quando o povo o convocava ao ministério.

A polêmica Branchereau-Lahitton atingiu tal grau de importância que foi necessário ser dirimida por uma comissão de cardeais, nomeada *ad hoc* por Pio X, para examinar a questão. Em 1912 a comissão pronunciou-se claramente a favor de Lahitton. Os cardeais concordaram com a afirmação do cônego de que a vocação "não consiste [...] em certa atração interior do sujeito ou num convite do Espírito Santo para abraçar o sacerdócio".[2]

---

[1] Cf. Francisco Taborda, *A Igreja e seus ministros: uma teologia do ministério ordenado*, 2. reimpressão, São Paulo, Paulus, 2016, pp. 180-188.

[2] *AAS* 4 (1912) 485.

Nem Lahitton nem a comissão cardinalícia afirmavam nenhuma novidade. Já o Catecismo romano, elaborado por determinação do Concílio de Trento, enunciara que a vocação nada mais é que o chamamento da Igreja: "Consideram-se [...] chamados por Deus os que são chamados pelos legítimos ministros da Igreja; pois, daqueles que por arrogância se intrometem como intrusos neste ministério, entende-se que o Senhor dizia: 'Eu não enviava como profetas, e eles corriam' (Jr 23,21). Não pode haver espécie de homens mais infelizes e desgraçados do que eles, e nada mais calamitoso para a Igreja de Deus".[3]

O processo vocacional não é, pois, intimista e individualista. As ilusões de diversa natureza são possíveis e reais e só o chamado pela Igreja, em que, de algum modo, estão implicados os "legítimos ministros", garante a sua autenticidade, supondo-se que estes não se deixem levar pelo desespero, diante da escassez de clero em sua diocese, e sigam o conselho de inspiração paulina de não ter pressa na imposição das mãos para não se tornar cúmplice dos pecados alheios (cf. 1Tm 5,22).

Entretanto, essa vitória da tradição, representada por Lahitton e a comissão cardinalícia de Pio X, teve curta duração. Em 1931, a Congregação dos Sacramentos determinava que quem vai receber as ordens sacras deve jurar sobre os Evangelhos que se apresenta à ordenação "livre de toda pressão, violência e temor, desejando espontaneamente e querendo de plena e livre vontade, já que *experimento e sinto que sou realmente chamado por Deus*".[4] A razão dessa determinação foi puramente jurídica e disciplinar, para evitar que posteriormente houvesse reclamações do ordinando dizendo que não assumiu livremente o celibato, nem tinha conhecimento de causa sobre todos os compromissos provenientes do ministério ordenado. Sobre o texto desse juramento, Hervé Legrand, conhecido estudioso da questão do ministério ordenado, comenta com sabedoria: "Dificilmente se pode conceber conformidade maior com o subjetivismo contemporâneo".[5] Essa perspectiva modernizante provém – entre outras causas – de uma

---

[3] Valdomiro Pires Martins, *Catecismo romano*, 2. ed., Petrópolis, Vozes, 1962, p. 313.

[4] Sacra Congregatio De Sacramentis. Instructio, *AAS* 23 (1931) 120-129.

[5] Hervé Legrand, La théologie de la vocation aux ministères ordonnés: vocation ou appel?, em: *Vie Spirituelle* 78 (1998/n. 729) 621-640 (citação: 636, nota 26).

confusão entre duas classes de vocações: a vocação monástica/religiosa e a vocação ministerial, indistinção provavelmente baseada na obrigação do celibato para o clero da Igreja Latina.

Como Almeida mostra muito bem, a opção pelo celibato, própria da vida religiosa consagrada, é um carisma livre que o Espírito suscita na Igreja e para o qual chama fiéis que aceitem dar testemunho do absoluto de Deus e da preeminência dos bens escatológicos já em meio à história. Por mais que a consagração assim entendida pertença à estrutura escatológica da Igreja, ninguém pode ser obrigado a abraçar essa forma de vida. Só pelo chamado pessoal, examinado no recôndito da consciência e no íntimo do coração, segundo as regras de discernimento que os grandes mestres da vida espiritual souberam explicitar e transmitir às gerações, se pode chegar ao reconhecimento da existência dessa vocação.

O chamamento para o ministério ordenado, porém, é de outra natureza. Enquanto a vocação monástica/religiosa é necessária ao *bom estado* da Igreja (*bene esse*), o ministério é indispensável para o *ser* da Igreja (*esse*). A Igreja não seria completa sem o testemunho escatológico dos que renunciam aos valores humanos mais profundos pelo Reino de Deus (cf. Mt 19,12); mas ainda assim poderia existir. Porém, sem o serviço à unidade, tarefa do ministério ordenado, simplesmente não há Igreja. Essa diferença é essencial do ponto de vista da compreensão de cada uma dessas vocações. O testemunho da *lex orandi* até hoje é claro. Não é o futuro presbítero que solicita a ordenação. É a Igreja o sujeito do pedido. Não é o ordinando que se aproxima do bispo e pede humildemente para ser ordenado, mas é outra pessoa que se dirige ao bispo com as palavras: "*A santa Mãe Igreja pede* que ordenes para a função de presbítero este nosso irmão". Ao ordinando cabe apenas aceitar a ordenação que lhe é oferecida a pedido da Igreja. Daí a pergunta ritual do bispo sobre em que se baseia essa solicitação que lhe é apresentada. A resposta também é clara: "*Tendo interrogado o povo de Deus* e ouvido os responsáveis, dou testemunho de que ele foi considerado digno". Seguem-se as perguntas ao ordinando sobre se aceita as obrigações da respectiva ordem.

Embora não se tenha notícia sobre a forma de escolher os presbíteros nos primeiros séculos, sabe-se que, na Igreja de Roma, pelo menos a partir do século V, nas missas estacionais de quarta-feira e sexta-feira da semana de ordenações, eram apresentados os nomes dos candidatos para que o povo de Deus se pudesse pronunciar a respeito da escolha. Na eleição episcopal, porém, a participação do povo é testemunhada desde as primeiras informações sobre como se procedia à ordenação episcopal. Necessitando a Igreja de um bispo, devido ao falecimento do anterior, povo e clero elegiam alguém para o cargo e, em nome da Igreja local, o apresentavam à apreciação e ao exame dos bispos vizinhos, a quem cabia examinar a ortodoxia do eleito e – dado o caso – ordená-lo. Essa prática tradicional foi peremptoriamente afirmada pelos bispos de Roma do século V. Os textos silenciam sobre qualquer desejo do ordinando de ingressar no ministério. Pelo contrário, supõe-se, como condição de uma ordenação legítima, que o ordinando a tenha primeiramente recusado. O *Código de Justiniano* (séc. VI) chega mesmo a declarar a propósito do futuro bispo que ele seria seguramente indigno do episcopado, se não tivesse sido ordenado contra sua vontade, premido pela vontade dos fiéis e do clero.

Permito-me confirmar a análise de Almeida no tocante à atual escassez do clero celibatário, trazendo ao conhecimento dos leitores uma pesquisa realizada por volta de 2010 na Arquidiocese de Belo Horizonte, onde resido. A análise dos dados levou à constatação da importância da família tradicional, estável, com vivência religiosa intensa, para o surgimento da vocação dos entrevistados. Nessa família, a mãe exercia um papel decisivo na vocação. Verificando que hoje essas famílias são cada vez mais raras e que os casamentos duram, em média, sete anos, a análise da pesquisa conclui que, "por esse ângulo, nada leva a crer que [doravante] surgirão vocações do tipo tradicional",[6] ou seja: aquelas que ainda povoam os seminários.

Se as vocações de tipo tradicional tendem a se tornar cada vez mais escassas – o que se comprova até mesmo por uma simples razão estatística, já que as famílias atuais costumam ter no máximo dois a três filhos –, resta perguntar se a solução não é voltar à prática mais tradi-

---

[6] Arquidiocese de Belo Horizonte, *A vocação presbiteral. Vocacionados, chamados pelo Senhor para o povo* (Pastoral presbiteral, v. 3), Belo Horizonte, FUMARC, 2010, p. 36.

cional: a Igreja (a comunidade eclesial) tem o direito e o dever de exigir que homens com espírito de liderança e profundidade na vivência cristã, solteiros ou casados, assumam, mesmo "a contragosto" (*invitus*) e "forçados, coagidos" (*coactus*), a função, indispensável à vida da Igreja, de serem ministros da unidade, do anúncio do Evangelho e da presidência da Eucaristia, e recebam, para isso, a ordenação presbiteral.

Acostumados à secular tradição da Igreja Latina relativamente ao celibato dos padres, não se deve deixar fora de consideração a venerável tradição das Igrejas orientais de presbíteros casados, que o Concílio Vaticano II reconheceu e louvou. Depois de declarar que a continência perfeita e perpétua não é exigida pela natureza do ministério ordenado, o decreto *Presbyterorum ordinis* recorda a existência de "presbíteros casados, de altíssimo mérito" nas Igrejas orientais, também as unidas a Roma. Esclarece não ter a intenção de mudar a "disciplina diversa que vigora legitimamente nas Igrejas orientais e exorta com muito amor aqueles que receberam o presbiterado no matrimônio a que perseverem em sua santa vocação e continuem a empenhar a vida, plena e generosamente, em favor do rebanho a eles confiado" (PO 16). Com isso, o Concílio reconhece que o matrimônio não impede a dedicação pastoral ao povo de Deus. Tirando as consequências para nossas comunidades, diante das múltiplas necessidades pastorais e da quantidade de comunidades sem a Eucaristia dominical, valeria ter presente a Palavra do Senhor Jesus: "O sábado é para o homem, não o homem para o sábado" (Mc 2,27). Pelo menos duas eminentes figuras do episcopado brasileiro participantes do Concílio tiveram essa abertura de espírito, como comprovam os textos publicados agora por Almeida em anexo.

Esta obra de Almeida constitui um apelo a que as autoridades eclesiásticas se deixem comover pela situação de tão numerosas comunidades que – contra a grande tradição da Igreja – "vivem sem a Eucaristia dominical". É um desrespeito ao sangue dos mártires de Abitene que hoje inúmeros cristãos possam dizer: "Podemos viver perfeitamente como cristãos sem a Eucaristia dominical"! Aqueles nossos irmãos do começo do século IV derramaram seu sangue em vão! Alguém poderia objetar que muitos têm a chance de receber a comunhão, mesmo que não haja celebração da Eucaristia. Sem dúvida, as celebrações da Palavra, recomendadas pela Constituição *Sacrosanctum Concilium* 35, item 4, são um dom inestimável de Deus a sua Igreja e deveriam ser mais cultivadas, mesmo em comunidades que podem ter sua celebração eucarística cotidiana e dominical. Entretanto, a prática de unir a celebração da Palavra com a distribuição da comunhão, bastante comum entre nós, já foi criticada e questionada, em outras latitudes, do ponto de vista teológico e pastoral por assemelhar-se a uma celebração eucarística e, assim, poder causar confusão na mente dos fiéis mais simples. É conhecida a piada daquele fiel que disse preferir a "missa da freira" à do padre. Em todo caso, seria bom que ficasse bem claro que não se pode equiparar a mera distribuição da comunhão à celebração eucarística! Seria um erro teológico palmar – se não uma heresia.

Se a falta de Eucaristia dominical provém da escassez do clero, cabe, como dever improrrogável, encontrar solução para esse problema. Nos próximos Sínodos de Bispos sobre a juventude (2018) e sobre a Amazônia (2019), Almeida vê, com razão, duas excelentes oportunidades para rediscutir a questão da ordenação presbiteral de *viri probati*, que poderiam pelo menos minorar o problema dos cristãos que vivem *sine dominico*, sem a celebração eucarística dominical. Peçamos ao Espírito Santo que ilumine os bispos sinodais e vença a "esclerocardia" (dureza de coração) que impede de mudar a legislação. Está em jogo não só uma urgência pastoral, mas a honra que merece a memória dos mártires de Abitene. Não bastam palavras de admiração. A seriedade de tal discurso poderia ser contestada, se nada se fizesse para minorar o problema atual.

Francisco Taborda, sj

38º aniversário do Martírio de Monsenhor Oscar Romero, arcebispo de El Salvador

Introdução

A discussão sobre a escassez de presbíteros tem vindo à tona com mais frequência e vigor nos últimos anos. A nossa reflexão não versa sobre a diminuição de vocações e de presbíteros em geral, mas sobre a relação entre a escassez de presbíteros e a celebração da Eucaristia nas comunidades. Trata-se de um desafio pastoral no qual está implicado um dado de fé de primeira grandeza: "a Eucaristia faz a Igreja".[1]

A Igreja católica dispõe cada vez menos de presbíteros para presidir as comunidades e, portanto, para presidir a Eucaristia de muitas dezenas de milhares de comunidades. Os que contestam essa constatação o fazem ou por falta de informação ou por interpretar erroneamente as informações disponíveis ou por "razões que a própria razão desconhece".

Não se pode dizer que a Igreja católica tenha ficado parada: desde as orações pelas vocações até uma melhor distribuição do clero disponível, muita coisa tem sido tentada. Em muitos países, tem-se incentivado a celebração da Palavra; alguns pensam que isso seria suficiente, mesmo que, em certas regiões, como a Amazônia, a celebração da Eucaristia só possa acontecer poucas vezes por ano ou depois de dois, três anos de espera.

A nossa tese é que se deva universalizar e qualificar as Celebrações da Palavra, mas que essa prática não só não substitui a celebração da Eucaristia, antes a postula, a exige, tende para ela. Não consigo imaginar sequer uma entre as "igrejas" do Novo Testamento – geralmente pequenas e pobres – sem celebração dominical da Eucaristia.[2]

---

[1] "Não se edifica nenhuma comunidade cristã, se ela não tiver por raiz e centro a celebração da Santíssima Eucaristia: por ela, há de iniciar-se por isso toda educação do espírito comunitário" (PO 6,5).

[2] Dada a ressurreição de Jesus no primeiro dia da semana, este passou, em ambiente cristão, a chamar-se *"dies Domini"* (ou *"dies dominicus"* ou *"dies dominica"*), e era já, na Igreja primitiva, o dia em que se celebrava a Eucaristia: "Foi num domingo que Paulo, rodeado por sua comunidade de Trôade, 'partiu o pão' (At 20,17; 1Cor 16,2). É também do domingo que falam claramente a Didaqué 14,1 e Justino (I Apologia 67)" (J.-A. Jungmann, *Missarum Solemnia*, I, Paris, Aubier, 1951, p. 299).

A Igreja – concretamente, a comunidade constituída em assembleia para o "fazei isto em memória de mim" – é o sujeito integral da celebração da Eucaristia, mas "isto" não pode acontecer, segundo doutrina assentada desde os primórdios do cristianismo, sem a presidência de um ministro ordenado bispo ou presbítero. Estamos convencidos de que, nas comunidades, existam vocações para o presbiterado. As orações da Igreja têm sido ouvidas pelo Senhor da messe (Lc 10,2), que não pode não mandar trabalhadores para a sua messe. Pensar o contrário seria blasfemo. O que o Senhor espera da Igreja hoje é um novo olhar sobre a questão vocacional. Os novos tempos clamam pela possibilidade de desenvolver novos modelos de presbítero. Isso é doutrinalmente possível, uma vez que o "direito da graça" (ou o "direito da fé") sobrepõe-se ao "direito da lei". Deixar de fazê-lo, quando salta aos olhos que a "lei" está se sobrepondo à "graça", é imperdoável pecado contra o Espírito Santo.

Nossa modesta contribuição ao aprofundamento desta questão se desenvolve em cinco capítulos, que, embora de tamanho e natureza desiguais, estão intimamente relacionados: (1) a escassez de presbíteros em todo o mundo, especialmente em algumas partes da América Latina e em alguns países do continente europeu; (2) um rápido balanço das saídas propostas para se enfrentar esta situação; (3) algumas das questões teológicas envolvidas no desafio nas centenas de milhares de comunidades mundo afora sem possibilidade de contar com a celebração regular, mormente aos domingos, da Eucaristia; (4) a proposta de um modelo de presbítero que, a nosso ver, responderia adequadamente ao desafio em foco sem prejuízo da doutrina católica e da qualidade do serviço que os presbíteros devem prestar à Igreja, sobretudo nas comunidades pequenas e médias; (5) no final, muito brevemente, uma resposta às questões que, em relação ao modelo presbiteral proposto, se levantam: a lei do celibato, a participação do povo fiel no processo de decisão, o papel dos presbíteros atuais e dos bispos, a decisão da auto-

---

Quando os mártires de Abitene dizem *"sine dominico non possumus"*, não se referem a um dia da semana que casualmente se chama "domingo", mas à celebração da Eucaristia, sem a qual sabem não poder viver o Evangelho até as últimas consequências.

ridade suprema da Igreja. Achei por bem acrescentar ao texto principal três anexos – um, de Dom Pedro Paulo Koop, bispo de Lins, SP, entregue à secretaria do Concílio, em 1965; outro, de Dom Austregésilo de Mesquita Filho, bispo de Afogados da Ingazeira, PE, também entregue à secretaria do Concílio, em 1965; o terceiro, meu, publicado faz 28 anos, na *REB* – na esperança de que as sementes um dia frutifiquem.

O Autor
Festa de Nossa Senhora de Guadalupe

Capítulo I

"Estavam como ovelhas sem pastor"
(Mc 6,34)

O número insuficiente de sacerdotes e sua não equitativa distribuição impossibilitam que muitíssimas comunidades possam participar regularmente na celebração da Eucaristia. Recordando que a Eucaristia faz [a] Igreja, preocupa-nos a situação de milhares dessas comunidades carentes da Eucaristia dominical por longos períodos de tempo.[1]

Em relação ao Brasil, especificamente, das 100.000 comunidades católicas espalhadas pelo país, 70.000 – na maioria dos casos em áreas distantes de centros urbanos, nas periferias urbanas, geralmente, pobres – não têm celebração regular da Eucaristia.[2]

O número de presbíteros no mundo, segundo o Anuário Estatístico da Igreja de 2015, era de 415.656 unidades. Se tomarmos em consideração o número dos católicos batizados nas várias áreas continentais e o número de sacerdotes, nota-se que a Igreja católica, em 2015, dispunha de um presbítero para 3.091 católicos; em 2010, a relação era de um para 2.900; no ano 2000, era de um para 2.579. Ou seja, a relação só piorou.[3]

---

[1] Aparecida 100 e; cf. 253.

[2] Cf. Rogério Valle; Marcelo Pitta. *Comunidades católicas: resultados estatísticos no Brasil*, Petrópolis, Vozes/CERIS, 1994. Esta pesquisa envolveu 2.965 paróquias do Brasil, proporcionando, pela primeira vez, uma base estatística consistente sobre vários aspectos das comunidades.

[3] Os sínodos das Igrejas dos vários continentes, promovidos por João Paulo II em Roma, na década de 1990 (1994, 1997 e 1998), foram claros em afirmar, de um lado, a necessidade da Eucaristia, e, do outro – com exceção da África –, a falta de presbíteros para presidi-las (cf. *Ecclesia in America* 35; *Ecclesia in Europa* 36; *Ecclesia in Asia* 45; *Ecclesia in Oceania* 40; *Ecclesia in Africa* 38).

Espíritos mais avisados se davam conta deste decréscimo vocacional já na metade do século XX:

Começa a perfilar-se uma crise no recrutamento de jovens sacerdotes. Dom De Bazelaire, em 1957, faz um relatório preocupante à assembleia do episcopado francês. Nos anos 1941-1951 houve na França 5.997 ordenações, enquanto, nos quatros anos sucessivos, 1952-1956, contam-se 3.950, dois mil a menos. Desde 1946-47 o número anual das ordenações só decresceu: 1.537 em 1946-47, 704 em 1956-57.[4]

A respeito, em 1980, escrevia J. Kerkhofs: "Grandes partes da Igreja, no que se refere à proporção entre os sacerdotes e as comunidades, parecem ter chegado a um impasse. Uma situação que perdura, em países inteiros, ao longo de muitas gerações e, às vezes, de séculos". E acrescentava: "Contudo, nos primeiros séculos da Igreja e durante muitos séculos mais tarde, houve uma proporção normal de um sacerdote-presidente para 50 a 300 fiéis".[5]

Se tomarmos o caso do Brasil, para o qual temos mais dados, atualmente o maior país católico do mundo, a proporção é pior: em 1970, era de 1 presbítero para 7.114 católicos; em 1980, 1 para 9.379; em 1990, 1 para 10.324; no ano 2000, 1 para 10.123; em 2010, 1 para 8.624;[6] em 2015, 1 para 7.012.

Além disso, é necessário considerar outra coisa. As estatísticas são corretas, mas, por sua própria natureza, abstraem das situações individuais; exprimem valores gerais, definem médias: "Se é verdade que as estatísticas nos revelam muitas coisas, elas podem igualmente mascarar algumas (...) As cifras frequentemente escondem diferenças socioculturais e históricas. O quantitativo pode mascarar um grande número de variações no nível qualitativo".[7] O censo não informa, por exemplo,

---

[4] Andrea Riccardi, *Il potere del papa. Da Pio XII a Paolo VI*, Bari, Laterza, 1988, p. 147.

[5] J. Kerkhofs, Sacerdotes e "paróquias": *Concilium* [A comunidade cristã tem direito a um padre], *Concilium*/153 – 190/3, Dogma, p. 15 [307].

[6] Cf. Carlos Alberto Steil; Rodrigo Toniol, O catolicismo e a Igreja católica no Brasil à luz dos dados sobre religião no Censo de 2010, *Debates do NER*, Porto Alegre, Ano 14, n. 24, p. 223-243, jul./dez. 2013.

[7] J. Kerkhofs (ed.), *Des prêtres pour demain. Situations européennes*, Paris, Cerf/ Lumen vitae, 1998, p. 10.

quantos estão atuando em paróquias (evidentemente, a maioria), quantos em outras modalidades de apostolado (um contingente difícil de mensurar) e quantos em funções administrativas, seja nas congregações religiosas, seja nas dioceses ou em outras instâncias. Além disso, as 10.720 paróquias existentes no Brasil (censo de 2010) variam muito quanto à extensão territorial e população (total e católica): no interior da região Norte, por exemplo, há paróquias extensas, com uma população extremamente rarefeita nucleada em comunidades a grande distância umas das outras;[8] o Nordeste, que concentra a maior porcentagem de católicos (72%), é a região que proporcionalmente tem menos padres;[9] em algumas periferias urbanas, há paróquias muito populosas atendidas por 1 ou 2 presbíteros somente.[10]

Não há consenso dentro da Igreja sobre o número ideal de fiéis por padre. O confronto com a distribuição de outros "profissionais", porém, não deixa uma imagem alentadora. Segundo o Instituto Brasileiro de Geografia e Estatística, a relação médicos/habitantes no País está aquém do recomendado pelo Ministério da Saúde. E, em 2011, havia 1,95 médico para cada 1.000 habitantes, quando o número recomendado pelo ministério é de 2,5. Somente no Sudeste essa meta é atingida, com 2,61 médicos por 1.000 habitantes. A região Norte tem a pior relação médico/habitantes, com apenas 0,98 para 1.000 habitantes. No confronto, a relação é claramente desfavorável ao clero: quase 2 médicos

---

[8] Veja-se, por exemplo, a Diocese de São Gabriel da Cachoeira, AM, numa área de 293.000 km^2, maior que o Estado de São Paulo e que a Itália (sem a Sicília), e uma população de 62.000 habitantes (censo de 2004) (cf. "Fazer acontecer a Páscoa é fazer acontecer o Amor onde a vida do ser humano e do mundo é ameaçada". Entrevista especial com Dom Edson Damian, em: IHU – Instituto Humanitas Unisinos, 1º de abril de 2015: <www.ihu.unisinos.br>).

[9] Enquanto, no Paraná, há, em média, 1 padre por 5.900 habitantes, no Maranhão, este número sobe para 13.700; a Diocese de Caxias (MA), na fronteira com o Piauí, tem em torno de 700.000 habitantes, 23 paróquias e 30 padres, uma média de 21.900 habitantes por sacerdote (cf. "Falta padre no Nordeste, região mais católica do país; distribuição é desigual". *O Estado de S.Paulo*, 20 de julho de 2013. (Dados confirmados pelas informações constantes no site da diocese.)

[10] Guarulhos (SP), diocese com mais de 1.300.000 habitantes, distribuídos em 38 paróquias, conta com 50 padres, ou seja, 1 padre para 26.000 habitantes (cf. ibidem). (Dados confirmados pelas informações constantes no site da diocese.)

para 1.000 habitantes; 1 padre para 13.277 habitantes; 1 padre para em torno de 8.577 católicos!

Se a comparação com os médicos pode ser inadequada, uma olhada na proporção pastores/fiéis talvez tenha alguma coisa a nos questionar. Nas igrejas evangélicas de missão (metodistas, presbiterianos, batistas etc.), e especialmente nas igrejas pentecostais e neopentecostais, não há "déficit vocacional" nem se registra a desproporção pastor/fiéis que se vê na Igreja católica. Isso, certamente, tem a ver com a relativa maior facilidade em se tornar pastor. São cursos menos longos, mais simples, descentralizados. Cada linha possui seu método. Há cursos até na internet. Na Igreja católica, há um processo mais complexo e mais longo. Mas há outros elementos a serem considerados: as igrejas evangélicas têm uma estrutura descentralizada; as congregações são bem menores que as paróquias e as comunidades católicas; a relação pastor-fiel é muito mais próxima, direta, pessoal; dos pastores não se exige renúncia ao casamento e à formação de uma família etc.

As causas deste fenômeno são muitas e complexas. Vão desde mudanças sociais, políticas e culturais profundas pelas quais passaram as relações entre a Igreja e a sociedade nos últimos 500 anos e que afundam suas raízes num passado distante, até mudanças mais recentes não menos importantes. Nas relações entre a Igreja e as sociedades em que ela vive e atua não há nenhum automatismo; a Igreja, com sua organização, práxis e reflexão dialeticamente inter-relacionadas, interage dialeticamente com os mais diversos contextos sociais, também com suas múltiplas autocompreensões, interesses e percepções. O que, à primeira vista, poderia ser um contexto desfavorável à Igreja, na verdade, pode resultar extremamente salutar (como as perseguições nos primeiros séculos); vice-versa, contextos a princípio favoráveis podem se mostrar, a longo prazo, prejudiciais (como os benefícios conferidos ao clero depois dos Editos de Milão e de Tessalônica, a posição do papado na Idade Média, o padroado português, as concordatas). De todas as maneiras, a questão vocacional ou a provisão dos quadros na Igreja católica não podem ser vistas miopemente como uma questão meramente interna à Igreja, de tipo religioso ("rezar pelas vocações") ou moral (o "bom exemplo" dos padres) ou pastoral (sem "pastoral vocacional" não há vocações), mas dialeticamente relacionada com o contexto social com toda a sua complexidade.[11] Neste sentido, pode-se falar de condicionamentos profundos e cumulativos de longo alcance – como a "via moderna" de que se começa a falar no século XIV (Guilherme de Ockham); o humanismo do século XV (Erasmo de Roterdã);[12] o nascimento do espírito laico (Marsílio de Pádua); os primeiros movimentos de protesto (Jan Wycliff e Jan Hus); a Reforma protestante, com sua secularização do sacerdócio e sua sacralização do laicato (Lutero); a irrupção da Modernidade no século XVII, com a emergência de um novo ser humano, centrado no eu, senhor do mundo, dotado de uma razão autônoma (Descartes); ao longo do século XVIII, o Iluminismo, que não é senao um desdobramento do racionalismo que se afirmou com a nova filosofia e com o método científico, desacreditando a Igreja e o cristianismo enquanto religião portadora de uma revelação positiva, e substituindo-se a este como projeto de civilização em todos os âmbitos da existência social e coletiva (Locke, Hume, Kant, Diderot); o fim do regime de Cristandade; a intensificação dos problemas eclesiológicos dentro da Igreja (galicanismo e ultramontanismo) e entre a Igreja e os novos poderes públicos (regalismo, josefinismo); no século XIX, a justificação explícita do ateísmo por Feuerbach, a apresentação da religião como "ópio do povo" por Marx, a radicalização da hermenêutica da suspeita por Nietzsche, a crítica da religião por Freud como projeção do inconsciente; no século XX, a secularização e a descristianização da sociedade e da cultura ocidental, provocando uma defasagem entre a vida cristã e o espírito do tempo – até condicionamentos temporalmente próximos, culturalmente avassaladores e sociologicamente relevantes – como a emergência da chamada Pós-Modernidade, com o fim da ideia de progresso, de história e das utopias, um subjetivismo exacerbado e a "ressurreição da carne" (hedonismo), a vida sem imperativo cate-

---

[11] Cf. H. Zirker, *Ecclesiologia*, Brescia, Queriniana, 1987, pp. 30-36.

[12] "Algo novo está nascendo: o ser humano, em sua dignidade, reclama liberdade e autonomia, uma maior criatividade à margem dos sistemas universais; a dinâmica da secularização começa a acelerar-se, além dos conflitos entre o papa e o imperador; a cultura se produz nas universidades e academias, não nos mosteiros e catedrais; seus protagonistas vão aspirar não a cargos eclesiásticos, mas a funções civis; novas disciplinas reivindicam seus direitos" (Eloy Bueno de la Fuente, *100 momentos-llave de la teología Cristiana*, Burgos, Monte Carmelo, 2010, p. 90).

górico e o declínio do império da razão, o império do "soft", a "morte de Deus" vivida sem tragédia ("Deus morreu, as grandes finalidades se apagam e ninguém se importa minimamente: esta é a alegre novidade" – Lipovetsky), a fragmentação do indivíduo em múltiplos personagens, o retorno do religioso, mas não do sagrado etc. Num corte temporal ainda mais próximo e num nível socialmente muito mais observável, o declínio das vocações tem a ver com a secularização da sociedade, o fim de uma cultura católica, a descristianização de amplos setores da população, a "privatização" da religião, a indiferença religiosa, o declínio da prática religiosa, a percepção da limitada relevância do papel social do clero (fala-se de "insignificância" do clero), a "ressurreição da carne", a crise do instituto familiar, a dificuldade de comunicação com as gerações mais jovens, a busca de satisfação imediata em tudo, a alergia a compromissos definitivos, a redução do número de filhos nas famílias etc.

De todas as maneiras, há um descompasso significativo entre o contingente de presbíteros e o número de católicos, desfavorável aos primeiros. Este descompasso, que não é linear, mas recorrente, é uma constante desde o Concílio de Trento e se agravou dramaticamente no século XX. Em algumas áreas, há uma carência absoluta de presbíteros; em outras, a carência é relativa, mas também preocupante. Por exemplo: enquanto, no período compreendido entre 1974 a 2004, a população latino-americana cresceu quase 80%, os sacerdotes cresceram 44,1% e as religiosas, só 8% (cf. *Annuarium Statisticum Ecclesiae*). O crescimento de vocações e de ordenações em algumas áreas, como certos países da África e da Ásia,[13] não parece significativo para a Igreja como um todo.

Precisa ficar claro, é bom dizê-lo, que não nos estamos ocupando da escassez de sacerdotes em vista de uma presença mais visível da Igreja católica na sociedade, nem de um improvável estancamento do crescimento evangélico no país, nem de um controle clerical das comunidades. Ao contrário, compartilhamos a observação segundo a qual, especificamente no Brasil,

---

[13] Entre 2010 e 2015, a África registrou um aumento de 17,4%, e a Ásia, 13,3%, e a América apenas 0,35%; a Europa e a Oceania ostentaram taxas negativas, de -5,8 e -2,0%, respectivamente.

durante muitos anos, a Igreja católica investiu no recrutamento vocacional, na formação de padres, na estruturação e multiplicação de paróquias, com a expectativa de que esta estratégia pastoral e institucional seria capaz de não só fortalecer e qualificar a presença do catolicismo na sociedade, como também estancar a migração de católicos para outras religiões ou para o contingente dos sem religião. O cruzamento dos dados do censo do IBGE com os da pesquisa do CERIS, no entanto, mostra que essa equação que apontava para uma relação de causa e efeito entre o crescimento do clero e o do número de católicos no Brasil não é verdadeira. Quando o número de sacerdotes se torna maior em toda a história do catolicismo no país, o número absoluto de católicos diminui pela primeira vez desde que se iniciou a série de dados sobre religião nos censos.[14]

Nossa preocupação é outra: a "plenificação" das comunidades eclesiais mediante a Palavra e os sacramentos, particularmente a Eucaristia, e o ministério pastoral, doutrinalmente exigido para sua celebração.

---

[14] Cf. Carlos Alberto Steil; Rodrigo Toniol, O catolicismo e a Igreja católica no Brasil à luz dos dados sobre religião no Censo de 2010, *Debates do NER*, Porto Alegre, Ano 14, n. 24, p. 235, jul./dez. 2013.

Capítulo II

As saídas propostas

Como se tem enfrentado esta situação? Como se poderia enfrentá-la? Que passos são possíveis e desejáveis? O que é mais urgente no contexto atual?

1. Melhorar a distribuição do clero

Uma *primeira indicação* seria uma melhor distribuição do clero.[1] Incentivada pela encíclica *Fidei donum*, de Pio XII, foi assumida pelo Concílio, no decreto *Presbyterorum ordinis* – "os presbíteros daquelas dioceses que foram aquinhoadas com maior número de vocações disponham-se com gosto a exercer o seu ministério nas regiões, missões ou obras, que lutam com falta de clero"[2] – e, naturalmente, no decreto *Ad gentes*: "considerando a gravíssima penúria de sacerdotes (...), [os bispos] enviem, devidamente preparados, às dioceses com falta de clero alguns dos seus melhores sacerdotes".[3] Esta pista funcionou enquanto os países de velha cristandade tinham abundância de clero, mas expunha cada vez mais claramente alguns problemas nem sempre bem enfrentados: certo colonialismo cultural e religioso, sobretudo na África e na Ásia; o desafio da inculturação; uma compreensão nem sempre devidamente trabalhada da catolicidade e da universalidade da Igreja. No Brasil, internamente, algo desta busca de solução tomou corpo no Projeto "Igrejas Irmãs"; externamente – mais perto de nós – no Projeto "Missão África".

---

[1] Aparecida mesmo se refere a essa estratégia (cf. DAp 100 e; 253).

[2] *Presbyterorum ordinis* 10.

[3] *Ad gentes* 38.

2. Recrutar vocações entre homens adultos celibatários

Uma *segunda saída* seria a promoção de vocações de homens maduros celibatários. Nos meus tempos de seminarista, no século passado, vocações "adultas" soavam como algo fora da curva. Esta perspectiva, porém, está totalmente ausente na Pastoral Vocacional, nas campanhas vocacionais e na *lex orandi* (tomada aqui num sentido lato), onde sempre se pede por vocações entre os jovens, jamais entre os adultos. Certamente há vocacionados entre homens adultos celibatários por opção, alguns efetivamente são ordenados, mas seu número é estatisticamente irrelevante.

3. Apelar ao diaconato permanente

Uma *terceira saída* tem a ver com o restabelecimento do diaconato como ministério permanente. Autorizado pelo Vaticano II, a introdução do diaconato depende das conferências episcopais e das dioceses. Olhado com certa suspeita por alguns setores nas décadas de 1960 e 1970 (tiraria o lugar do padre e afetaria negativamente o instituto do celibato sacerdotal), expandiu-se bastante nas décadas seguintes, sobretudo em algumas áreas (metade dos diáconos são norte-americanos).[4]

O maior reparo que se faz aos diáconos é a concentração da sua atuação na liturgia e no culto. Este limite está na certidão de nascimento de sua restauração pelo Vaticano II, que, em LG 29, optou pela sequência liturgia – palavra – caridade na apresentação dos seus três múnus; que só definiu (numa espécie de "regulamentação" em miniatura) suas atribuições litúrgicas "(administrar solenemente o Batismo, conservar e distribuir a Eucaristia, assistir e abençoar o matrimônio em nome da Igreja, levar o viático aos moribundos, ler a Escritura aos fiéis, instruir e exortar o povo, presidir ao culto e às orações dos fiéis, administrar os

---

[4] O número de diáconos tem crescido significativamente em todos os continentes, indo de 39.564 unidades em 2010 a 42.255 em 2015, ou seja, um incremento de 14,4%. Na Oceania, está menos de 1% dos diáconos (aumento de 13,8%); na América (aumento de 16,2%) e na Europa (aumento de 10,5%), estão 98%.

sacramentais, oficiar exéquias e enterros)"; que optou por fazer só uma vaga e telegráfica menção "aos ofícios da caridade e administração".

Na verdade, o diaconato visualizado pelo Concílio parece responder a duas situações concretas: a escassez de presbíteros ("mas como estes ofícios, muito necessários para a vida da Igreja, não podem ser cumpridos senão com muita dificuldade" (LG 29, § 2º) e a utilidade (*iuvat*) de conferir a ordenação a leigos que já exerçam funções consideradas pelos padres conciliares como sendo "verdadeiramente diaconais" (catequistas, direção de comunidades longínquas, prática da caridade em obras de assistência social) (AG 16). Os limites são claros: a sacramentalidade é insinuada, mas não ensinada; não se enfrenta o tema da relação entre diaconato e diaconia na Igreja; não há citações bíblicas; não se faz referência à experiência das Igrejas de rito oriental.[5] No caso da *Lumen gentium*, um ministério de suplência presbiteral; no caso de *Ad gentes*, uma questionável diaconalização de atividades tradicionalmente presbiterais ou comuns a todos os membros do povo de Deus. O prescrito pela *Lumen gentium* vingou; o descrito pelo *Ad gentes* foi engolido pela prática eclesial: catequistas, animadores de comunidades e ação sociocaritativa estão majoritariamente nas mãos dos leigos, sobretudo das leigas. Seja como for, o grande desafio – conscientizado, refletido e atuado por poucos – é elaborar um "rosto próprio" para o diaconato,[6] depois de situá-lo – com a tradição antiga e a praxe constante da Igreja do Oriente – no quadro da estruturação tripartite do ministério ordenado.

---

[5] Cf. S. Noceti, La costituzione gerarchica della Chiesa e in particolare l'episcopato, em: S. Noceti; R. Repole (ed.), *Commentario ai Documenti del Vaticano II. Lumen gentium*, Bologna, EDB, 2015, p. 310.

[6] "Do ponto de vista do seu significado teológico e do seu papel eclesial, o ministério do diaconato constitui um desafio para a consciência e a praxe da Igreja" [Commissione Teologica Internazionale, Il diaconato: evoluzione e prospettive: Il Regno. *Documenti* 48 (2003), pp. 275-303; cf. H.-M. Legrand, Los ministérios de la Iglesia local, em: B. Lauret; F. Refoulé, *Iniciación a la práctica de la teología. Dogmática 2*, pp. 222-226; A. Borras, *Le diaconat au risque de sa nouveauté.* Bruxelles, Lessius, 2007].

4. Investir na expansão e qualificação das comunidades

Uma *quarta pista* consiste em investir na expansão e qualificação de comunidades, em ministérios eclesiais voltados para a edificação da comunidade eclesial, sem prejuízo da missão própria do laicato como "símbolo da extroversão da Igreja". O fenômeno comunitário é um dos principais dos fatores do extraordinário crescimento de ministérios não ordenados nas últimas três décadas do século passado. Aqui, temos que evitar o arianismo eclesiológico sem cair no polo oposto, o nestorianismo. É inegável que a eclesiologia do Vaticano II jogou um papel decisivo nesta matéria, mas, sem escassez de clero, não se daria este fenômeno que já foi chamado de "explosão de ministérios". Nas Igrejas do Sul, particularmente na América Latina, apesar de a escassez de presbíteros ser crônica,[7] de fato só se deu com a nova consciência de Igreja oficialmente formulada pelo Concílio; na Europa, só começou a ganhar corpo quando a "água [da falta de clero] começou a bater no pescoço". Uma consequência da diversificação e crescimento de ministérios assumidos, nas comunidades, por leigos e leigas – que é um bem imperdível, mas merece uma análise cuidadosa –, tem sido, por um lado, a redução do ministério do presbítero à sua dimensão litúrgico-cultual, e, pelo outro, a tarefas administrativas, gerenciais, burocráticas. A estúpida e grosseira lógica implícita é de uma clareza cavalar: se o leigo só não pode fazer o que é exclusivo do padre, o padre só deve fazer o que lhe é exclusivo. Perdem-se a dimensão trinitário-eclesiológica da ministerialidade da Igreja, a dimensão apostólica do ministério ordenado, as diversas dimensões da ordenação sacramental, uma correta compreensão da função presidencial do bispo e do presbítero etc. Na verdade, não basta exaltar a pluriministerialidade e promovê-la, como temos feito e temos que continuar a fazer. É preciso refletir serenamente sobre algumas práticas que se tornaram ordinárias mesmo em contextos de escassez relativa de presbíteros – como a celebração do Batismo e a assistência a matrimônios por ministros leigos – e que, na Igreja antiga e tradicionalmente, estavam afetas – e não à toa – aos que presidiam as

---

[7] Cf. João Paulo II, Discurso na abertura da XIX Assembleia do CELAM (Haiti, 1983).

comunidades como ministros ordenados. Não é relevante entre nós, mas, em alguns ambientes e áreas da Igreja, emerge de tempos em tempos a reivindicação de celebração da Eucaristia pela comunidade sem a presidência de um sacerdote.[8]

5. Recorrer às celebrações da Palavra

Uma *quinta proposta* tem sido a celebração da Palavra de Deus, mencionada pela *Sacrosanctum Concilium* 35,4:

> Incentive-se a celebração sagrada da Palavra de Deus, nas vigílias das festas mais solenes, em algumas férias do Advento e da Quaresma, como também nos domingos e dias santos, *sobretudo naqueles lugares onde falta o padre*. Neste caso, seja o diácono ou algum outro delegado pelo bispo quem dirija a celebração.

Na quaresma de 1966, o bispo de Choluteca (Honduras) convocou 17 leigos de sua diocese, preparou-os, entregou-lhes um modesto subsídio e os enviou para animar celebrações da Palavra em comunidades sem padre. Ao se fazer a avaliação da experiência, foram tantos os pontos positivos assinalados, seja por parte das comunidades seja dos leigos enviados (os "Delegados" da Palavra), que Dom Marcelo Gérin decidiu dar continuidade e expandir aquela iniciativa. Nascia, assim, o chamado movimento da celebração da Palavra de Deus, que, em poucos anos, espalhou-se por Honduras, América Central e outros países da América Latina. Milhares e milhares de comunidades passaram a usufruir da celebração da Palavra de Deus. Puebla as avalia positivamente,[9] sublinha sua utilidade – "As celebrações da Palavra, com a leitura da Sagrada Escritura abundante, variada e bem escolhida, são de grande proveito para a co-

---

[8] Cf. Associazione Italiana "Noi Siamo Chiesa" (ed.), *Eucaristia senza prete? Il rapporto dei domenicani olandesi. Un dibattito*, Molfetta (BA), Edizioni La Meridiana, 2009; M. Castagnaro; L. Eugenio, *Il dissenso soffocato: un'agenda per Papa Francesco*, Molfetta (BA), Edizioni La Meridiana, 2014.

[9] Puebla 900.

ANTONIO JOSÉ DE ALMEIDA

munidade, sobretudo onde não há presbíteros e, sobretudo, para a realização do culto dominical"[10] – e as incentiva.[11]

Em relação ao tema que nos ocupa, Aparecida é tão generosa que inova:

> Com profundo afeto pastoral, queremos dizer aos milhares de comunidades com seus milhões de membros, que não têm a oportunidade de participar da Eucaristia dominical, que também elas podem e devem viver "segundo o domingo".[12] Podem alimentar seu já admirável espírito missionário participando da "celebração dominical da Palavra", que faz presente o Mistério Pascal no amor que congrega (cf. 1Jo 3,14), na Palavra acolhida (cf. Jo 5,24-25) e na oração comunitária (cf. Mt 18,20).[13]

Generosa com a celebração da Palavra de Deus nas comunidades desprovidas de presbíteros, Aparecida se mostra tímida em relação à celebração regular da Eucaristia nestas mesmas comunidades: "Sem dúvida, os fiéis devem desejar a participação plena na Eucaristia dominical, pela qual também os motivamos a orar pelas vocações sacerdotais".[14] Ainda no início da década de 1980, o teólogo alemão Norbert Greinacher escrevia:

> Não podemos, nos últimos tempos, fugir da impressão de certa duplicidade nesse ponto. Os dirigentes da Igreja, de modo tradicional, sempre

---

[10] Puebla 929.

[11] Puebla 944, 946.

[12] A expressão é de Santo Inácio de Antioquia: "Assim os que andavam na velha ordem das coisas chegaram à novidade da esperança, não mais observando o sábado, mas vivendo segundo o dia do Senhor [*iuxta dominicam viventes*], no qual nossa vida se levantou por ele e por sua morte, embora alguns o neguem" (Magn. 9,1-2). Semelhante a esta expressão é a dos 49 mártires de Abitene, quando, desafiando as proibições de Diocleciano, sob pena de morte, de possuir as Escrituras, reunirem-se aos domingos para a Eucaristia e construírem lugares para as suas assembleias, foram surpreendidos, num domingo, reunidos na casa de Otávio Félix, celebrando a Eucaristia, e levados para interrogatório em Cartago pelo pró-cônsul Anulino: "*sine dominico non possumus*" (cf. Bento XVI, Homilia na Conclusão do Congresso Eucarístico Italiano, Solenidade de Corpus Christi, Bari, 29 de maio de 2005).

[13] Aparecida 253.

[14] Aparecida 253.

de novo voltam a insistir na grave obrigação dos católicos de participar na celebração eucarística dominical. Mas, por outro lado, desconsidera-se a importância da celebração eucarística para a vida da comunidade sob a presidência de seu líder ordenado. Aqui está em jogo a credibilidade dos dirigentes da Igreja.[15]

6. Ordenar *"viri probati"*

Um *sexto caminho de enfrentamento* da escassez de presbíteros, de tanto em tanto ventilado, é a ordenação dos chamados *"viri probati"*. O tema não pôde ser discutido no Concílio. Nos anos seguintes ao Concílio, diversos bispos e conferências episcopais manifestaram oficialmente o desejo de poder ordenar homens casados para suas dioceses. Em 24 de junho de 1967, entretanto, o Papa Paulo VI publicou a encíclica *Sacerdotalis coelibatus*, em que definiu que

> a lei vigente do celibato consagrado deve, ainda hoje, acompanhar firmemente o ministério eclesiástico; deve tornar possível ao ministro a sua escolha, exclusiva, perene e total, do amor único e supremo de Cristo e a sua dedicação ao culto de Deus e ao serviço da Igreja, e deve ser característica do seu estado de vida, tanto na comunidade dos fiéis como na profana.[16]

Em 1971, por ocasião do Sínodo sobre Justiça no Mundo e Sacerdócio Ministerial, os padres sinodais expressaram-se no mesmo sentido: "A lei do celibato, vigente na Igreja latina, deve ser mantida integralmente".[17] Em relação especificamente à ordenação de homens casados, foram propostas duas fórmulas alternativas à votação dos padres sinodais: A) Salvaguardando sempre o direito do sumo pontífice, não se admite, nem mesmo em casos particulares, a ordenação presbiteral de homens casados. B) Compete só ao sumo pontífice, em casos par-

---

[15] N. Greinacher, O direito da comunidade de ter o seu próprio sacerdote, *Concilium*/153 (1980/3), p. 86.

[16] Paulo VI, *Sacerdotalis Coelibatus* 14.

[17] Segunda Assembleia Geral do Sínodo dos Bispos. O Ministério Sacerdotal, II, 4, c. Convém notar que, por vontade de Paulo VI, em nota de rodapé, o texto acima recebeu 168 *placet*, 10 *non placet*, 21 *placet iuxta modum*, e houve 3 abstenções.

ticulares, por necessidades pastorais, tendo em conta o bem universal da Igreja, conceder a ordenação presbiteral de homens casados, que sejam, porém, de idade madura e de vida honesta. A primeira fórmula recebeu 107 votos; a segunda, 87.[18] Inúmeras vezes, João Paulo II e Bento XVI igualmente deixaram claro que manteriam a lei do celibato.[19]

O Papa Francisco, indagado sobre esta questão, tem repetido que "esta porta não está fechada", mas, ao que se saiba, não há nenhuma comissão especialmente formada para estudar os vários aspectos da manutenção, de uma eventual modificação ou de pontuais exceções à lei do celibato na Igreja latina. O tema, com toda a certeza, será discutido no Sínodo Universal sobre "Os jovens, a fé e o discernimento vocacional", em outubro de 2018, e no Sínodo Especial para a Região Pan-amazônica, uma vez que, em ambos os contextos, a problemática vocacional e ministerial está presente.

7. Criar novos ministérios ordenados

Uma *sétima pista* seria a criação de novos ministérios ordenados, fragmentando o sacramento da Ordem em sua feição tradicional (bispos, presbíteros, diáconos) e especializando algumas das funções atuais.[20] Pensa-se especialmente no ministério da Reconciliação e no ministério da Unção dos Enfermos, sobretudo no âmbito da pastoral da saúde. A proposta envolve questões teológicas profundas – desde dados bíblicos, passando por uma tradição eclesial consolidada, até uma

---

[18] O resultado da votação consta na nota de rodapé sucessiva.

[19] A primeira tomada de posição de João Paulo II a respeito se deu na sua primeira Carta aos Sacerdotes por Ocasião da Quinta-feira Santa de 1979, no primeiro ano de seu pontificado.

[20] Muito remotamente, este caminho estaria doutrinalmente facilitado pela formulação dada por *Lumen gentium* 28 ao cânon 6 do *De ordine* do Tridentino (cf. também *De sacramento Ordinis*, cap. 2), no 28 de *Lumen gentium*. Enquanto o *textus prior*, 15, simplesmente retomava o ditame de Trento sobre a instituição divina do ministério ordenado (*"hierarchiam divina institutione institutam, quae constat ex episcopis, presbyteris et ministris"*), LG 28, 1 o ultrapassa em modo significativo e novo (*"ministerium ecclesiasticum divinitus institutum diversis ordinibus exercetur ab illis qui iam ab antiquo Episcopi, Presbyteri, Diaconi vocantur"*).

sensibilidade generalizada não alheia ao *sensus fidelium* –, embora conte com o apoio de teólogos respeitáveis.[21]

8. Ordenar mulheres para o presbiterado

Uma *oitava pista* seria a ordenação de mulheres. É claro, para quem conhece a doutrina católica, que, aqui, diferentemente da lei do celibato – que é essencialmente disciplinar –, se concentram questões teológicas mais complexas. Depois do Concílio, o magistério pronunciou-se oficialmente a respeito sobretudo em duas ocasiões: em 1976, a Congregação para a Doutrina da Fé afirmou, numa declaração aprovada pelo Papa Paulo *"in forma communi"* que a Igreja católica não se considera autorizada a ordenar mulheres para o presbiterado;[22] em 1994, João Paulo II, ainda que nos limites (prudencialmente não extrapolados) do exercício do magistério ordinário, não podia ser mais enfático:

> Portanto, para que seja excluída qualquer dúvida em assunto da máxima importância, que pertence à própria constituição divina da Igreja, em virtude do meu ministério de confirmar os irmãos (cf. Lc 22,32), declaro que a Igreja não tem absolutamente a faculdade de conferir a ordenação sacerdotal às mulheres, e que *esta sentença deve ser considerada como definitiva* por todos os fiéis da Igreja.[23]

---

[21] Cf. C. Ortemann, *A força dos que sofrem. História e significação do sacramento dos enfermos*, São Paulo, Paulinas, 1978; B. Sesboüé, *N'ayez pas peur! Regards sur l'Église et les ministères aujourd'hui*, Paris, Desclée de Brouwer, 1996. Idem, *Rome et les laïcs. Une nouvelle pièce au débat: l'Instruction romaine du 15 août 1997*, Paris, Desclée du Brouwer, 1998; P.-M. Gy, La question de l'onction des malades. In: *La Maison-Dieu* 205 [1996], pp. 15-24; Kerkhofs; P. M. Zulehner, Quelle direction prendre? Pistes à explorer, em: J. Kerkhofs (ed.), *Des prêtres pour demain. Situations européennes*, Paris/Bruxelles, Cerf/Lumen Vitae, 1998. E. Schillebeeckx, *Le ministère dans l'Église. Service de la présidence de la communauté de Jésus-Christ*, Paris, Cerf, 1981.

[22] Congregação para a Doutrina da Fé, Declaração *Inter Insigniores*, sobre a questão da admissão das mulheres ao sacerdócio ministerial [15/10/1976]: *AAS* 69 (1976) 98-116.

[23] João Paulo II, Carta apostólica *Ordinatio sacerdotalis*, sobre a ordenação sacerdotal reservada somente aos homens [22/5/1994], *AAS* 86 (1994) 545-548.

A respeito, o Papa Francisco tem respondido que "a última palavra é clara e é a dada por João Paulo II, e esta permanece".[24] Esta sentença é reformável?[25]

9. Autorizar a presidência da Eucaristia por leigos e leigas

A *nona* ideia – que, segundo seus próprios autores, se aplicaria justamente "em casos de necessidade" (absoluta) (situação missionária excepcional, campo de concentração, prisão muito afastada de centros habitados, por exemplo) – seria a presidência da Eucaristia por leigos e leigas, agindo por delegação e em nome da comunidade ou em virtude de uma ordenação *"in voto"* e, consequentemente de uma Eucaristia *"in voto"* ou de um *"supplet Deus"*.[26]

10. Deixar como está esperando que a "crise" passe

A *décima* – merecedora do lugar de última, mas, não se iludam, escancaradamente presente na alienação, no silêncio, na paralisia, nos contragolpes de muitos – é continuar fazendo o mesmo de sempre na esperança de que as coisas mudem. Nesta sopa, estão desde os partidários do "quanto pior, melhor", do "quanto menos, melhor", do "as vocações estão crescendo", passando pelos devotos do "Deus proverá", do "a Igreja já passou por crises piores", até os defensores do "padre-padre", do "padre de sempre", do modelo de padre "instituído por Cristo"!

---

[24] Cf. M. Matiuzzi, Il papa: "No all'ordinazione delle donne". *Il Foglio* [1/11/2016].

[25] Cf. F. A. Sullivan, *Capire e interpretare il Magistero. Una fedeltà creativa*, Bologna, Dehoniane, 1997.

[26] Cf. H. Küng, *La Chiesa*, Queriniana, Brescia, 1969, pp. 514-515; L. Boff, *Eclesiogênese*, Petrópolis, Vozes, 1977; E. Schillebeeckx, *Le ministère dans l'Église. Service de la présidence de la communauté de Jésus-Christ*, Paris, Cerf, 1981; idem, *Plaidoyer pour le peuple de Dieu. Histoire et théologie des ministères dans l'Église*, Paris, Cerf, 1987.

Descartadas as saídas tapa-buracos (como a primeira e a quarta), as saídas inócuas (como a segunda), as saídas suicidas (como a última), as saídas teologicamente ainda pouco trabalhadas, embora pastoralmente plausíveis (como a sétima) ou doutrinalmente impraticáveis (como a oitava e a nona), parece claro que, deste amplo leque de "saídas", só o incremento e a qualificação de vocações diferenciadas ao presbiterado – no contexto de um desenvolvimento consistente das comunidades, de um investimento significativo nas celebrações da Palavra (a quinta) e de valorização dos ministérios não ordenados (a terceira) – podem responder ao desafio das dezenas de milhares e milhares de comunidades mundo afora sem acesso à celebração regular da Eucaristia, devido à escassez relativa ou crônica de sacerdotes. Sem a ilusão, contudo, de que, elaborando um novo modelo de presbítero e alterando-se os critérios de preparação e acesso ao ministério presbiteral, a Igreja viria a experimentar um superávit tal de clero que a obrigaria a tomar medidas de contenção, como o fez depois da virada constantiniana, com a introdução de um "*cursus clericalis*",[27] no Peru do século XVII, onde bispos e religiosos disputavam "doutrinas" e paróquias,[28] ou na Europa dos séculos XVII, XVIII e XIX, quando o número excessivo de eclesiásticos criava sérios problemas econômicos e sociais para o governo.[29]

---

[27] Cf. A. Lemaire, *Os ministérios na Igreja*, São Paulo, Paulinas, 1977, pp. 62-64; A. Faivre, *Os leigos nas origens da Igreja*, Petrópolis, Vozes, 1992, p. 167; Clero, em: A. di Berardino, *Dizionario patrístico e di antichità cristiane*, Torino, Marietti, 1999, pp. 716-721. v. I.

[28] "Por outra parte, os bispos abrem cada vez mais espaço a seus presbíteros. Muito numerosos já no século XVI, a tal ponto que em Lima em 1590 havia 50 sacerdotes 'vagos', por não haver lugar ou paróquia onde exercer seu ministério. Nasce assim uma querela que cobre todo o século XVI; os bispos querem doutrinas ou paróquias para seu clero, os religiosos tendem a conservar o que com tanto sacrifício conseguiram" (E. D. Dussel, *Desintegración de la cristiandad colonial y liberta-ción. Perspectiva latino-americana*, Salamanca, Sígueme, 1978, p. 178).

[29] "Em geral, se pode aceitar como válido o dinamismo desta proporção: no século XVIII, 1 sacerdote para 40-50 habitantes; no século XIX, 1 para 200-250. No século XX, 1 para 1.000... Na Itália, em conjunto, os religiosos, nos meados do século XVIII, incluídos os irmãos leigos, passavam dos 300.000 em uma população de 17 milhões de habitantes. A pletora eclesiástica constituía um grande problema social, criando para o governo sérias dificuldades para garantir a sustentação econômica e a tranquilidade de uma massa de pessoas em geral insuficientemente ocupadas e

ANTONIO JOSÉ DE ALMEIDA

Minha convicção pessoal se concentra nos seguintes pontos: temos que continuar investindo na caminhada das comunidades e na promoção dos ministérios não ordenados, que devem ser promovidos independentemente da escassez de presbíteros e não podem ser vistos como meros ministérios de suplência (quarta saída); não procedem as críticas de uma "protestantização" da Igreja católica quando esta valoriza, promove e universaliza as celebrações da Palavra (quinta saída); excluída doutrinalmente a possibilidade de ordenação sacerdotal de mulheres e a fragmentação do sacramento da Ordem (sétima e oitava saídas), bem como, e sobretudo, a presidência da Eucaristia por leigos ou leigas (nona saída), há que se buscar novos modelos de presbítero teológica, canônica e pastoralmente adequados às comunidades sem acesso regular à Eucaristia (reelaboração da sexta saída).

---

irrequietas" (G. Martina, *La Chiesa nell'età dell'assolutismo, del liberalismo e del totalitarismo. Da Lutero ai nostri giorni*, Brescia, Morcelliana, 1970, p. 254).

CAPÍTULO III

O que está em jogo teologicamente?

A situação de dezenas de milhares de comunidades sem celebração regular da Eucaristia exige uma reflexão teológica que nos ajude a ver em profundidade a gravidade pastoral, espiritual e teológica desta situação e a guiar-nos na busca de soluções coerentes com a fé eclesial e pastoralmente viáveis. Sabendo que a Igreja se constrói pelo anúncio da Palavra, pela celebração dos sacramentos – particularmente da Eucaristia – graças a carismas e ministérios vários – especificamente, o ministério sacerdotal –, nossa reflexão vai se concretar nestes três elementos: a Palavra (a Palavra cria a Igreja); a Eucaristia (a Eucaristia faz a Igreja); o ministério ordenado (a Igreja faz a Eucaristia).

1. A Igreja "creatura Verbi"

A concepção da Igreja como "creatura Verbi", típica da Reforma luterana – para a qual a pregação da Palavra de Deus é vista como a "nota" fundamental da Igreja[1] –, não só criou um grande mal-estar para a teologia católica – que a via como uma indevida redução da riqueza dos elementos essenciais da estrutura e da vida Igreja –, mas se tornou um dos pontos fundamentais de divergência entre a concepção

---

[1] "Portanto, onde ouves ou vês que se prega, se crê e se confessa esta Palavra e se age em base a ela, não tenhas nenhuma dúvida, que certamente naquele lugar deve se encontrar uma verdadeira santa Igreja católica, um santo povo cristão, ainda que seja formada por pouquíssimos fiéis. (...) E ainda que não houvesse outro sinal que só este, seria, todavia, suficiente para revelar que naquele lugar deve se encontrar um santo povo cristão. De fato, a Palavra de Deus não pode estar sem povo de Deus, e, vice-versa, o povo de Deus não pode estar sem a Palavra de Deus. Caso contrário, quem quereria pregá-la ou ouvir pregá-la, se não houvesse um povo de Deus? E o povo de Deus o que poderia ou quereria crer, se não houvesse a Palavra de Deus?" (M. Lutero, *WA* 50,629).

protestante e a concepção católica de Igreja. No processo, porém, de renovação da eclesiologia, as duas posições foram se aproximando, de tal modo que, hoje, se pode falar – em relação à constituição da Igreja – de uma releitura católica da tese luterana (*"creatura Verbi"*) e de uma compreensão maior do papel dos sacramentos (*sacramentum gratiae*) por parte da Reforma.

1.1 A eclesiogênese

O que era desde o princípio, o que ouvimos, o que vimos com nossos olhos, o que contemplamos, e o que nossas mãos apalparam da Palavra da Vida – porque a Vida manifestou-se: nós a vimos e dela *damos testemunho e vos anunciamos* esta Vida Eterna, que estava voltada para o Pai e que nos apareceu – *o que vimos e ouvimos vo-lo anunciamos para que estejais em comunhão conosco*. E a nossa comunhão é com o Pai e com o seu Filho Jesus Cristo (1Jo 1,1-3).

A Igreja nasce do testemunho e do anúncio da Palavra da Vida. Aquilo que o apóstolo – em seu ministério único[2] – viu e experimentou é anunciado "para que também vós estejais em comunhão conosco. E a nossa comunhão é comunhão com o Pai e com o seu Filho Jesus Cristo".

Na origem da Igreja – portanto, de toda comunidade eclesial – se encontra o anúncio em torno ao qual "se cria uma comunhão, porque a

---

[2] "O nítido corte entre o ministério único do apóstolo e o ministério daqueles que vêm depois dele resultava de nosso exame de 1Cor 3,5-15. Nós encontramos depois disso que o apóstolo é, com efeito, um verdadeiro mediador, engendrando por sua pregação o novo povo de Deus. Seu Evangelho não lhe foi revelado pelo Espírito, mas num face a face com o *Kyrios* morto e ressuscitado. Depois dele, não há mais, nem haverá jamais até a parusia, testemunha direto. Dever-se-á, pois, sempre retornar ao querigma apostólico (...) Não há senão ele que constrói a construção escatológica, os outros pregadores não farão nunca senão regar a plantação, construir sobre o fundamento apostólico" (M.-A. Chevalier, *Esprit de Dieu, paroles d'hommes. Le rôle de l'Esprit dans les ministères de la parole selon l'apôtre Paul*, Neuchâtel, Delachaux et Niestlé, 1966, p. 216); "por sua pregação o apóstolo é o instrumento privilegiado, e é necessário mesmo dizer único, da construção [*oikodomé*] escatológica. Esta imagem da construção é, segundo Jeremias [Jr 1,9b e ss], a descrição da obra final da salvação que Deus empreende em favor do mundo" (ibidem, p. 47).

experiência de Cristo que o anunciante fez é comunicada aos outros, e todos se veem, em virtude do anúncio, a viver do mesmo Cristo".[3]

A Igreja, com efeito, se constitui pela fé dos seus componentes: de um lado, a fé das testemunhas originárias do evento Cristo que o anunciam a outros; do outro, a fé daqueles que acolhem os portadores do anúncio, que acolhem o anúncio e que acolhem o próprio Cristo.

Trata-se de uma espécie de osmose, na qual aquilo que Cristo foi para o apóstolo agora o é também para mim, que creio na sua palavra. Disso deriva uma característica essencial da comunicação do Evangelho: esta se transforma necessariamente numa comunhão, isto é, numa profunda relação interpessoal. (...) A comunhão é antes de tudo um encontrar-se de pessoas concretas que se conhecem, que se falam, que se comunicam a sua experiência de Cristo e que chegam assim a possuir em comum aquilo que para cada um é o valor mais profundo da própria vida, isto é, o próprio encontro com Cristo. (...) Só quem sabe por experiência pessoal o que significa ter comunicado a outros o próprio viver de ["de" de origem] Cristo e o ter recebido de outros a sua experiência de Cristo, sabe o que quer dizer (uma) Igreja.[4]

Essa é a estrutura absolutamente originária que se deu no primeiro nascimento da Igreja e se dá em cada nova eclesiogênese, pois toda vez que a Palavra anunciada na fé é acolhida na fé, tem-se o "mínimo do mínimo" absolutamente essencial e fundamental do ser da Igreja, que é a comunhão, na graça, de dois ou mais no Senhor Jesus, morto e res-

---

[3] Severino Dianich, *La chiesa mistero di comunione*, Torino, Marietti, 1981, p. 58. Esta tese, apresentada pela primeira vez em 1975 (*"La chiesa mistero di comunione"*), passou pelo crivo de uma reflexão metodológica que se confrontou com os principais percursos da eclesiologia contemporânea em 1993 (*Ecclesiologia. Questioni di metodo e una proposta*), e foi amplamente desenvolvida na obra em coautoria com S. Noceti, em 2002, *Trattato sulla Chiesa*, e confirmada na última e substancial revisão de *La Chiesa mistero di comunione*, em 2013. "O evento da eclesiogênese (...) tem uma sua estrutura dinâmica na qual o ato linguístico da comunicação da fé aparece claramente como o princípio de um *status* relacional entre pessoas, no qual podemos ler a primeira e mais simples, mas fundamental, *forma ecclesiae*" (Severino Dianich, *Trattato sulla chiesa*, Brescia, Queriniana, 2002, p. 166).

[4] Severino Dianich, *La chiesa mistero di comunione*, Torino, Marietti, 1981, p. 58.

suscitado para a nossa salvação, ou seja, para a nossa "comunhão com o Pai e com o seu Filho Jesus Cristo".

A leitura do Novo Testamento, particularmente dos Atos dos Apóstolos, mostra como a proclamação da Palavra é a prática fundamental no processo de instituição e de crescimento da Igreja. Os Atos têm uma fórmula própria para expressar a edificação da Igreja: "A Palavra de Deus crescia" (At 6,7; 12,24; 13,49; 19,20). A Palavra faz nascer e crescer a Igreja; crescimento da Palavra e edificação da Igreja caminham juntos. Em sua obra *A primeira história do cristianismo*, sobre os Atos, Daniel Marguerat afirma que

> o tema do livro dos Atos dos Apóstolos não é nem a história da Igreja, nem a atividade do Espírito, mas o desenvolvimento da Palavra. O verdadeiro protagonista dos Atos dos Apóstolos é o *"logos"*, a Palavra [...] Como para Paulo em Rm 9,8ss, a Igreja é para Lucas uma *"creatura Verbi"*; os crentes são definidos pela acolhida da Palavra (8,14; 11,11-17; 17,11; cf. Lc 8,13) e chamados "ouvintes da Palavra".[5]

No Novo Testamento, de fato, a Igreja tem a sua origem, se desenvolve e se propaga no interior de um processo dinâmico e multifacetado de *traditio-receptio*, estrutura de relação e de comunicação que a faz existir.

1.2 A dinâmica "instituinte" – "instituído"

Não se trata, porém, meramente de um "ato", mas de um processo instituinte originário e permanente! Digo "instituinte" justamente porque as categorias sociológicas de "instituinte" e "instituído" talvez sejam as que melhor ajudam a entender a dinâmica da primeira origem da Igreja, do surgimento de cada nova comunidade eclesial e da sua constante edificação pela Palavra:

> Pensar que a Igreja seja incessantemente instituída, fundada, cresça e se desenvolva a partir da ação da Palavra ou a partir dos atos instituintes que são o anúncio e a acolhida da Palavra, supõe que se leve a sério o fato de que a Igreja deva ser sempre construída. Significa reconhecer que ela

---

[5]   D. Marguerat, *La première histoire du christianisme. Les Actes des Apôtres*, Paris-Génève, Labor et Fides, 1999, p. 57.

nunca está simplesmente constituída de uma vez por todas, instituída na origem e que agora não se trata senão de pensá-la em termos de uma instituição a ser perpetuada ou mantida. Significa pensar que a Igreja esteja sempre em fase de construção. Esta perspectiva não é espontânea; ao contrário, temos dificuldade de imaginar que é necessário, com a força do Espírito, instituir a Igreja e não simplesmente, quando esta parece em perigo, remediar os problemas do telhado com um balde no chão, diminuir os vazamentos, consertar o que está estragado...[6]

Sem nenhum prejuízo do processo "fundacional" originário[7] da Igreja nas missões escatológica de Cristo e do Espírito, e da criação e edificação (*oikodomé*) das primeiras comunidades cristãs[8] – todas chamadas "Igreja(s)" no Novo Testamento (1Cor 1,2; 2Cor 1,1; Gl 1,2; 2Ts 1,2 etc.) – "sobre o fundamento dos apóstolos e dos profetas" (Ef 2,20) – que tem um caráter único e fundante –, a Igreja tem que ser pensada também em seu permanente "devir": como um povo peregrino ("não temos aqui cidade permanente, mas estamos à procura da cidade que está para vir" – Hb 13,14), como um corpo cujos membros interagem incessantemente (Rm 12,4-5; 1Cor 12,12-30), como um templo de pedras vivas (1Pd 2,5) em constante construção (1Cor 3,9c-15).

---

[6] G. Routhier, La Chiesa nata dalla Parola, em: L. Bressan; G. Routhier, *L'efficacia della parola*, Bologna, EDB, 2011, p. 119.

[7] "*Fundação, origem e fundamentação* são três termos específicos e complementares sobre a compreensão da Igreja radicada em Jesus em chave sacramental, mediante as três determinações próprias dos sacramentos: a 'instituição de Cristo', à qual corresponde a *fundação*, o 'sinal exterior', ao qual corresponde a *origem*, e o 'efeito interior da graça', ao qual corresponde a *fundamentação*: a) a fundação da Igreja por parte de Jesus se manifesta na eclesiologia implícita e processual, que atesta que já antes da Páscoa Jesus iniciou um 'movimento de restauração de todo o povo de Deus'; b) a origem da Igreja vem de Jesus, já que depois da Páscoa o "movimento" iniciado durante seu ministério se reconstituiu e se expandiu com força; c) a fundamentação da Igreja radica em Jesus, já que ele atua e continua presente na Palavra de Deus, nos sacramentos, na comunidade eclesial e na vida dos crentes" (Salvador Pié-Ninot, *Teología fundamental*, Madrid, Biblioteca de Autores Cristianos, 2016, p. 334).

[8] R. Penna, *Le prime comunità cristiane. Persone, tempi, luoghi, forme, credenze*, Roma, Carocci, 2011).

Pensar a Igreja no seu nascer originário não é um exercício de arqueologia teológica, mas a descoberta de que elementos e de quais procedimentos eclesiais entram em jogo em todo nascimento e em toda edificação da Igreja. A Igreja, tanto em sua expressão universal quanto em suas expressões locais, seja de paróquias, seja de comunidades, é fruto de atos e processos instituintes que fazem a Igreja surgir e crescer. Se não formos capazes de pensar a Igreja no seu surgir, "não resta outra coisa aos cristãos ocidentais senão deplorar a perda de uma certa experiência e imagem de Igreja, tentar restaurar ou então reorganizar a Igreja em modo que possa adaptar-se à nova situação, que contrasta com a do passado".[9] Mas isso não tem sentido: a Igreja não é um museu, nem uma biblioteca, nem um banco de dados, nem se reproduz por clonagem. É uma realidade pessoal, interpessoal, social e histórica, e, por isso, é absolutamente necessário encontrar hoje – em cada "hoje" da história – práticas ou gestos instituintes, um saber fazer nascer de importância capital. Não se pode dormir sobre o "instituído"; ocorre "instituir" sempre de novo.[10]

---

[9] G. Routhier, La Chiesa nata dalla Parola, em: L. Bressan; G. Routhier, L'efficacia della parola, Bologna, EDB, 2011, p. 124.

[10] Estas categorias têm sido aprofundadas, desde a década dos 40 do século XX, por pensadores como Cornelius Castoradis, René Lourou e Georges Lapassade, Ronald Laing, David Cooper, Ivan Ilich, Franco Basaglia e outros, que sublinharam a caracterização dinâmica da instituição, chamando a atenção particularmente para a sua natureza processual. Esta orientação epistemológica é conhecida como "análise institucional", que, seguindo uma orientação construtivista, propõe uma significativa distinção analítica entre grupo/comunidade/sociedade "instituinte" e grupo/comunidade/sociedade "instituída", descrevendo e analisando suas relações e propondo estratégias e ações voltadas para uma permanente "instituição" das "instituições". Contrariamente ao "modelo estático" de Talcott Parsons, que trabalha com uma visão reificada da instituição – entendida como um quadro estruturado e estabilizado de atividades sociais, normas, regras e funções –, o "modelo dinâmico" reconhece que há uma "tensão passiva" (a resistência de uma ordem instituída, das normas e dos costumes consolidados) [resistência conformadora], mas não menos uma "tensão ativa" (a produção instituinte, o trabalho de instituir, o fato de instituir) [impulso divergente], e uma "tensão processual", ou seja, os processos de institucionalização, que é preciso analisar com o fito de desvelar as implicações de cada sujeito numa situação de intervenção.

1.3 "Não só de pão vive o homem, mas de toda palavra da boca de Deus" (Mt 4,4)

Sendo assim, pastoralmente falando, se quisermos ter uma Igreja viva e contar com comunidades vivas que possam vir a ter "ministros próprios" para presidi-las e presidir a sua Eucaristia, precisamos valorizar, intensificar ou, conforme o caso, retomar ou, em certas situações, iniciar uma ação sólida e necessariamente complexa em termos de "advento", "nascimento" e "construção" permanentes da Igreja e das comunidades. Há pessoas e grupos que dominam a arte de instituí-las permanentemente;[11] outros deveriam sair da rotina e aprendê-lo enquanto é tempo;[12] muitos e muitas estão como o Anjo da Igreja de Sardes.[13] É preciso ouvir o que o Espírito está dizendo à(s) Igreja(s) para que esta(s) possa(m) anunciar a Palavra, que, por sua própria força (cf. 1Ts 2,14), e pela força do Espírito (cf. 1Cor 12,3.8), sempre de novo suscita e ressuscita o povo de Deus, o templo do Espírito, o Corpo de Cristo.

Que forma deve tomar hoje o anúncio da Palavra se se admite que o gesto de "instituir" continua ainda uma prática originária e fundamental, poderosa como foi na boca dos profetas, na missão de Jesus, na obra dos apóstolos? É preciso encontrar, nos diversos contextos, a forma que o anúncio da Palavra, pela força do Espírito, deve assumir enquanto palavra não endereçada somente à Igreja reunida no quadro da liturgia e da pregação dominical, mas que se dirige também às pessoas estranhas às nossas reuniões, que encontramos nas mais diversas ocasiões, seja na casualidade dos encontros e na cotidianidade da vida, seja nos modernos areópagos? [Isso mereceria uma reflexão específica, desenvolvida

---

[11] "Eu plantei; Apolo regou, mas é Deus quem fazia crescer. (...) Segundo a graça que Deus me deu, como bom arquiteto, lancei o fundamento; outro constrói por cima. Mas cada um veja como constrói. (...) Se a obra construída sobre o fundamento subsistir, o operário receberá uma recompensa" (Corinto – 1Cor 3,6.10.14)

[12] "Conheço tua conduta: não és frio nem quente. Oxalá fosses frio ou quente! Assim, como és morno, nem frio nem quente, estou para vomitar-te da minha boca" (Laodiceia – Ap 3,15-16).

[13] "Conheço tua conduta: tens fama de estar vivo, mas estás morto. Torna-te vigilante e consolida o resto que estava para morrer, pois não achei perfeita a tua conduta diante do meu Deus" (Sardes – Ap 3,1b-4).

por tantos, e, com um peso todo particular, por Paulo VI, na *Evangelii nuntiandi* (1975), e por Francisco, na *Evangelii gaudium* (2013).]

O que nos interessa, aqui, é, especificamente, a presença da Palavra nas comunidades. Esta presença não se pode reduzir à celebração da Palavra de Deus. A Palavra tem que ocupar um espaço muito mais amplo, diversificado e qualificado nas comunidades. Não sendo assim, a própria celebração da Palavra aos domingos perderá a importância que se lhe atribui. Entre as práticas instituintes da Palavra em nossas comunidades, algumas são imprescindíveis: o testemunho na cotidianidade da vida; sua transmissão no seio das famílias praticantes; o reunir-se em torno da Palavra em círculos bíblicos, células, pequenos grupos; o ser fonte de inspiração e critério das várias equipes, serviços, pastorais, associações e movimentos; um seu conhecimento mais sistemático – mas sempre vivencial, existencial – em Escolas da Palavra. Em suma: precisamos sentir a urgência de semear a Palavra em todas as comunidades e em toda a comunidade, de modo que ela se torne "anime" realmente toda a pastoral![14] A Palavra, em fecundo diálogo com os ambientes reais, buscando ouvir e responder às suas inquietações, deve cair como chuva criadeira no coração das pessoas, de suas leituras da realidade, de suas decisões e atividades. Se a Palavra – Palavra que narra a história de Deus com os homens e mulheres, e palavras humanas que decifram para o hoje a presença de Deus na história – não for liberada no coração da vida, a Igreja não será "instituída" sempre de novo e sempre de novo edificada.

1.4 Pertinência e limite da noção de *"creatura Verbi"*

Neste sentido, evidentemente ainda muito genérico, pode-se descrever a Igreja com a noção eclesiológica de *"creatura Verbi"* (tipicamente luterana e, mais amplamente, reformada) –, sem, porém, contrapô-la à noção eclesiológica (tipicamente católica) de *"sacramentum gratiae"* – e inclusive desenvolver coerentemente em chave católica (ou

---

[14] Cf. CNBB, *Discípulos e servidores da Palavra de Deus na missão da Igreja*, Brasília, 2012.

ecumênica) uma eclesiologia a partir do evento da geração da Igreja mediante o anúncio da Palavra, sem calar as opções de fundo que levaram a teologia católica e a luterana a tomar caminhos distintos.[15] Não vamos fazê-lo aqui, pois isso nos levaria muito longe da problemática que nos trouxe até aqui, que é a da *virtus* que a Palavra possui para gerar a Igreja,[16] o que se dá, nas comunidades sem acesso regular à Eucaristia, especialmente através – mas não só – da celebração da Palavra de Deus.

---

[15] A. Maffeis aprofunda três questões decisivas para a elaboração de uma eclesiologia católica a partir da noção de "*creatura Verbi*" (a importância do quadro institucional dentro do qual se insere o ato do anúncio, a importância do sujeito intérprete na compreensão e testemunho do conteúdo da palavra bíblica, e a relação entre a continuidade histórica do testemunho do Evangelho e atualidade do mesmo por obra do Espírito) (Creatura Verbi: Possibilità e limiti di una nozione ecclesiologica, em: S. Noceti; G. Cioli; G. Canobbio, *Ecclesiam intelligere. Studi in onore di Severino Dianich*, Bologna, EDB, 2012, pp. 367-394). Quem desejasse aprofundar este tema, poderia, por exemplo, visitar os passos e os resultados do Diálogo "católico – luterano" e "católico – reformado" a respeito nas últimas décadas, especialmente "Verso uma comprensione comune della Chiesa", "Chiesa e giustificazione. La comprensione della chiesa alla luce della dottrina della giustificazione" e "Communio Sanctorum" (cf. A. Maffeis, Creatura Verbi: possibilità e limiti di uma nozione ecclesiologica, em: S. Noceti; G. Cioli; G. Canobbio (ed.), *Ecclesiam intelligere. Studi in onore di Severino Dianich*, Bologna, EDB, 2012, pp. 367-380; A. Maffeis (ed.), *Communio Sanctorum. La chiesa come comunione dei santi*, Brescia, Morcelliana, 2003.

[16] A Palavra tem este poder. Ela possui uma eficácia própria, independente do profeta que a recebe e que a pronuncia. Quando Javé fala, nada pode paralisar seu movimento: ela segue sua voz e cumpre sua obra (Is 45,23; 31,2). Em Jesus, esta Palavra se faz homem e se torna Evangelho, Boa-Nova, palavra de libertação e de salvação, especialmente dos pobres e dos pecadores. A sua palavra anuncia o Reino e o torna presente (Mt 12,28). Sua pregação tem um caráter absolutamente único: "Todos se admiravam, perguntando uns aos outros: 'Que é isto? Ele ensina com autoridade'" (Mc 1,27). Também por causa da autoridade da sua palavra, ele será acusado: "Ele subleva o povo, ensinando por toda a Judeia, onde começou, até aqui" (Lc 23,5). Ele, na verdade, fala com a autoridade de Javé: "Foi dito aos antigos (...); eu, porém, vos digo" (Mt 5,22.28.32). Suas palavras são definitivas: "Passarão o céu e a terra. Minhas palavras, porém, não passarão" (Mt 24,36). Ressuscitado, enviará os discípulos a anunciar e a ensinar tudo o que ele anunciou e ensinou (Mt 28,19-20). Os apóstolos dão testemunho dele (At 10,39; 1Jo 1,3) e, com a participação de outros convertidos, proclamam a Boa-Nova (At 2,14), evangelizam (At 15,35), ensinam (At 5,42). Dentre todos, destaca-se Paulo, "escolhido para a anunciar o Evangelho

À medida, porém, que a Palavra cumpre a função para a qual é lançada, a comunidade deve poder dar graças, não só no sentido genérico da palavra, mas em seu sentido forte, deixando-se edificar pela Eucaristia, palavra que esconde a suprema ação-oração de Jesus na Última Ceia, na cruz e em alguns encontros pós-pascais com os discípulos (Lc 24,30-31.35; Jo 21,9-14). Não se pode, nem na prática pastoral nem na reflexão teológica, muito menos em nível doutrinal, sustentar a equivalência unívoca entre anúncio da Palavra e celebração da Eucaristia, pois ela é "o cume para o qual tende toda a ação da Igreja e, ao mesmo tempo, a fonte de onde emana toda a sua força" (SC 10).[17] A Igreja, concretamente, as comunidades não podem ser nem se ter por plenamente criadas e edificadas sem a celebração da Eucaristia. O sacramento é a forma mais intensa e eficaz da palavra proclamada pela Igreja:

> A *anamnese* é na Igreja a palavra mais central, porque torna presente, no modo mais intenso e real, como nossa salvação, aquilo que diz. Por isso toda outra palavra na Igreja, no fundo, não pode ser senão a preparação, explicação e defesa desta única palavra, na qual a Palavra encarnada de Deus entra como nossa salvação no nosso âmbito espaciotemporal.[18]

Ao lado da anamnese, a *epiclese* é coessencial à celebração sacramental, mormente da Eucaristia. Ouçamos Nicolau Cabásilas (1320-1390):

---

de Deus" (Rm 1,1), a Palavra de Deus, pregada "não como palavra humana, mas como de verdade é, a Palavra de Deus que produz efeito em vós, os fiéis" (1Ts 2,14), que, como tal, é acolhida (idem).

[17] *Sacrosanctum Concilium* supera o sacramentalismo ["a Sagrada Liturgia não esgota toda a ação da Igreja, pois, antes que os homens possam achegar-se da liturgia, faz-se mister que sejam chamados à fé e à conversão (...) (Rm 10,14-15)]" e o seu oposto ("A liturgia é o cume para o qual tende a ação da Igreja e, ao mesmo tempo, a fonte de onde emana toda a sua força. Pois os trabalhos apostólicos se ordenam a isso: que todos, feitos, pela fé e pelo Batismo, filhos de Deus, juntos se reúnam, louvem a Deus no meio da Igreja, participem do sacrifício e comam a ceia do Senhor. A própria liturgia, por seu turno, impele os fiéis a que, saciados dos "sacramentos pascais", sejam concordes na piedade"; reza para que "conservem em suas vidas o que receberam pela fé"; a renovação da Aliança do Senhor com os homens na Eucaristia solicita e estimula os fiéis para a caridade imperiosa de Cristo..." (SC 10). Cf. LG 11; PO 5.

[18] K. Rahner, *Chiesa e sacramenti*, 4. ed., Brescia, Morcelliana, 1973, p. 86.

[O sacerdote] narra aquela ceia que incute temor e como [o Senhor] antes da paixão confiou a seus santos discípulos isto [o que nela foi instituído]; e como tomou o cálice e como tomou o pão e, depois de ter dado graças, [os] consagrou; e como disse as palavras por meio das quais manifestou o sacramento; e depois de ter proclamado aquelas mesmas palavras se prostra e ora e suplica para que aquelas palavras divinas do Filho unigênito e [nosso] Salvador se harmonizem também com os dons apresentados, de forma que, tendo recebido seu santíssimo e onipotente Espírito, sejam transformados, o pão em seu corpo precioso e santo, e o vinho em seu sangue imaculado e santo. Depois destas orações e destas palavras, toda a ação sagrada está concluída e realizada, os dons são consagrados, o sacrifício está realizado, a grande e sagrada vítima, imolada pelo mundo, jaz lá sobre a sagrada mesa à vista [de todos].[19]

É necessário, portanto, avançar do nível da Palavra ao nível dos sacramentos, especificamente, da Eucaristia. Os sacramentos só podem ser autenticamente compreendidos a partir da lógica dos sinais: *"Sacramentum ponitur in genere signi"*.[20] A lógica dos sinais responde às exigências integrais do mundo humano e da comunidade humana; seu terreno é o terreno da intuição, da fantasia, da emotividade, da poesia, da tradição... Diz o mesmo Dianich que nos ajudou a ver o anúncio da Palavra na origem da Igreja:

Uma salvação destituída dos ritos sacramentais não penetraria em todo este vasto mundo no qual o homem vive grande parte da sua vida de

---

[19] N. Cabásilas, *Expositio divinae liturgiae* 27 [SC 4bis, 174-175 (= PG 150, 425-426bc)]. Em outro contexto, relacionando o "crescei e multiplicai-vos" de Gn 1,22 com a Eucaristia, diz: "Assim também aqui, cremos que é justamente a Palavra do Senhor que realiza o mistério [eucarístico], mas pela mediação do sacerdote, mediante sua oração e sua súplica" [*Expositio* 29,4 (SC 4bis, 182-183 [= PG 150, 429-430b])]. Conclui R. F. Taft: "Portanto, para Cabásilas, como para João Crisóstomo e João Damasceno, nem a epiclese está só por si nem o relato de instituição está só por si: hoje poderíamos dizer que, no quadro anafórico, os dois elementos são interdependentes. Se se prescinde do contexto polêmico de algumas expressões arrancadas de Cabásilas pelos ataques latinos contra a epiclese consecratória bizantina, dever-se-á reconhecer uma concepção equilibrada da anáfora e da interdependência de suas partes constitutivas (cap. 29)". Ecumenical Scholarship and the Catholic Epiclesis Dispute, *Ostkirchliche Studien* 45 [1996], 217.

[20] Tomás de Aquino, *Summa Theologiae*, III, q. 60, a. 1.

relação e de comunidade. Portanto, os sinais sacramentais levam a comunidade eclesial à sua dimensão integral. Se eles são gratuitos no que respeita aos conteúdos da salvação, abstratamente considerados, eles se mostram necessários para uma salvação que queira ser plenamente humana e histórica, realizada numa comunhão concreta e completa dos crentes.[21]

Passemos, pois, ao segundo ponto de nossa reflexão: a necessidade da celebração da Eucaristia para a plenificação da Igreja, concretamente, para a plenificação das comunidades sem acesso regular à Eucaristia.

2. A Eucaristia faz a Igreja

Quando dizemos que "a Eucaristia faz a Igreja", não nos estamos referindo à reserva eucarística, presente nas sedes paroquiais e em inúmeras capelas Brasil afora; nem à distribuição da comunhão no contexto das celebrações da Palavra; nem à comunhão fora da missa, prática testemunhada já na Igreja antiga, porém somente para cristãos perseguidos ou na prisão, doentes impedidos de participar da missa na comunidade, idosos presos a um leito em sua própria casa ou nalgum hospital; nem da adoração do Santíssimo; nem à bênção do Santíssimo e às procissões de Corpus Christi. Falamos da fração do pão (At 2,42.46; 20,7.11; 27,35), da sinaxe eucarística (cf. 1Cor 11,18), da ceia do Senhor (cf. 1Cor 11,33), da celebração da Eucaristia (Justino, Apologia I, 66-67), da missa (no Ocidente), da liturgia (no Oriente).

Concentraremos nossa reflexão em três pontos: a) os textos paulinos sobre a Eucaristia; b) os santos padres; c) a *lex orandi*.

2.1 Eucaristia e Igreja nas cartas de Paulo

Paulo inaugura uma tradição que se estende, sem cessão de continuidade, por todo o primeiro milênio, segundo a qual *a Eucaristia faz a Igreja-Corpo de Cristo:*

---

[21] Severino Dianich, *La chiesa mistero di comunione*, Torino, Marietti, 1981, p. 99.

O cálice da bênção que abençoamos, não é comunhão (*koinonía toû*) com o sangue de Cristo? O pão que partimos, não é comunhão (*koinonía*) com o corpo de Cristo? Visto que há um só pão, nós, embora muitos (*hoi polloi* – multidão), somos um só corpo, visto que todos participamos (*ek toû... metekhomen*) desse único pão (1Cor 10,16-17).

Na sua argumentação contra a consumação da carne sacrificada aos ídolos por parte de um cristão (1Cor 8,1–11,1, Paulo trabalha com uma crença que ele herdou do Israel antigo: "os que comem as vítimas imoladas estão em comunhão com o altar" [1Cor 10,18; cf. Ex 32,6; Lv 7,6.15; Dt 12,11s; 18,1.4], símbolo da própria divindade cultuada.

Os termos próprios da comensalidade ritual "*koinonía*" (= comunhão) (vv. 16.18.20) e da comensalidade religiosa ("*metéchein*") no texto (1Cor 10,16-17) e no contexto (1Cor 10,14-22) aparecem como sua espinha dorsal. Estes dois termos, na verdade, falam de participação numa mesma realidade, ainda que em graus diferentes de intensidade: "*metéchein*" indica um participar num nível mais ordinário; já "*koinonía*" (der. *koinonôi*) parece dizer algo mais estreito. No sentido habitual, a palavra *koinonía* dá a entender que "existe certa relação entre seres, a propósito de alguma coisa, comunhão de pensamento ou comunhão de interesses que podem fundar um tipo de 'sociedade'".[22] No grego corrente, "*koinonía*" se constrói com o dativo ou com uma preposição, mas Paulo, aqui e em outras passagens, constrói com o genitivo – "*koinonía* do Filho" em 1Cor 1,9; "*koinonía*" do Espírito Santo em 2Cor 13,13; "*koinonía* do sangue... do corpo de Cristo" aqui em 1Cor 10,16! Sendo assim, a expressão parece ultrapassar o sentido de participar, e passa a designar uma união mais íntima, uma comunhão verdadeiramente pessoal entre o fiel e Jesus Cristo mediante o pão e o cálice. O próprio Paulo, aliás, nos ajuda a entender a natureza desta "comunhão" quando, em outras passagens, recorre à preposição "*syn*" (com) para compô-la com certas palavras: os crentes estão mortos "com" Cristo (Rm 6,8; Cl 2,20), "co"-crucificados (Rm 6,6; Gl 2,19), ressuscitados "com" Jesus (2Cor 4,14); nós vivemos "com" ele (Rm 6,8; 2Cor 13,4; Cl 2,13; 1Ts 5,10). Esta "comunhão" é tal que a nossa vida,

---

[22] Xavier Léon-Dufour, *O partir do pão eucarístico segundo o Novo Testamento*, São Paulo, Loyola, 1984, p. 238.

que agora está "oculta em Deus com Cristo", será "vida para sempre com ele" (Fl 1,23; Cl 3,3s; 1Ts 4,17).

Destes dois versículos (1Cor 10,16 e 17) foram dadas muitas interpretações. Léon-Dufour insiste que os mesmos não podem ser lidos sem aproximá-los do v. 21 ("não podeis beber o cálice do Senhor e o cálice dos demônios, não podeis tomar parte na mesa do Senhor e na mesa dos demônios"), dada a questão que suscitou esta reflexão de Paulo sobre a Eucaristia, que é a da participação de cristãos nas refeições cultuais dos pagãos (*eidolothytos, -oi*) (1Cor 10,14), e dada a estrutura literária em quiasmo de 1Cor 10,14-21.[23] Sendo assim, "o acento cai propriamente, nos vv. 17 e 21, no caráter exclusivo da refeição eucarística. Se o pão dado é o único, a intimidade com Cristo que disto resulta para toda a assembleia não pode tolerar outro vínculo".[24] Para Dufour, o núcleo da afirmação paulina é inegavelmente a da profundidade da intimidade com Cristo. Privilegia, digamos, a dimensão "vertical". A maioria dos intérpretes, porém, como que abstrai da questão dos idolotitos, e vai direto ao v. 17, que, claramente, introduz um ensinamento sobre a unidade da Igreja, fruto do único pão eucarístico: o pão único faz da multidão que dele participa uma coisa só. Rinaldo Fabris, porém, sem prejuízo mostra como a afirmação de 1Cor 10,17 ("somos um só corpo") não surge inesperadamente; ao contrário, guarda total coerência com o critério do "*amor fraterno*", repetidamente utilizado por Paulo, para propor aos coríntios a atitude correta em relação ao uso das carnes sacrificadas aos ídolos (1Cor 8,1–11,1). No capítulo 8, à *gnosis* (conhecimento) contrapõe o *agapê* (amor) (8,1), necessário para o crescimento de cada pessoa e a edificação da comunidade (10,23-24.33; 13,4; 14,1.3.5); por isso, a "liberdade" dos que não veem problema em comer as carnes sacrificadas não pode de modo algum ferir a consciência dos "fracos", por quem "Cristo morreu" (8,7-13). No capítulo 9, Paulo apresenta o próprio exemplo de "liberdade", pois: a) renunciou, por amor, a vários "direitos", e se tornou escravo "ao serviço de todos" (9,1-20);

---

[23] "A passagem paulina é disposta em quiasmo, de tal modo que o tema estruturante é o da idolatria e não aquele, mais aparente, das duas refeições (...)" (Xavier Léon-Dufour, *O partir do pão eucarístico segundo o Novo Testamento*, São Paulo, Loyola, 1984), que, evidentemente, não vamos analisar aqui.

[24] Ibidem, p. 242.

b) identificou-se, por causa da Lei de Cristo, o amor, aos que vivem sem a Lei (os pagãos) (9,21); c) não muda o Evangelho para adaptar-se aos seus ouvintes, mas adapta a si mesmo e o seu modo de viver para ganhá-los ao Evangelho (9,22-23). E, no capítulo 10, depois do texto sobre a Eucaristia, voltará ao tema da edificação e do amor: "Tudo é permitido, mas nem tudo convém. Tudo é permitido, mas nem tudo edifica. Ninguém procure satisfazer aos seus próprios interesses, mas aos do próximo" (10,23-24), respeitando a consciência do outro (v. 29), não se tornando motivo de queda (v. 31), assim como ele, que se esforça "por agradar a todos em todas as coisas, não procurando os meus [seus] interesses pessoais, mas o do maior número, a fim de que sejam salvos" (v. 33).[25]

Na ceia, os fiéis, participando do "cálice de bênção que abençoamos" – "comunhão com o sangue de Cristo" – e do "pão que partimos" – "comunhão com o corpo de Cristo" – são postos numa comunhão estreitíssima com o Cristo morto e ressuscitado. É a dimensão primeira da Eucaristia: "vertical". A "comunhão" dos fiéis com o "sangue" e o "corpo" de Cristo gera e fundamenta a solidariedade dos fiéis entre si: comer juntos do único pão (o corpo eucarístico de Cristo) cria vínculos tão profundos que os muitos comensais formam um só corpo (o corpo eclesial de Cristo). Os fiéis são um só corpo (eclesial) porque participam do único corpo (eucarístico) de Cristo![26] É a dimensão consequencial da Eucaristia – "horizontal" – introduzida por um ὅτι (porque), a indicar um nexo causal entre "um só pão" e "um só corpo".[27]

---

[25] Rinaldo Fabris, *Prima Lettera ai Corinzi*, Milano, Paoline, 1999, pp. 109-138; idem, Eucaristia e comunione ecclesiale in Paolo (1Cor 10), *Parola Spirito Vita* (7/1979), pp. 142-158.

[26] Cf. G. Barbaglio, *As Cartas de Paulo (I)*, São Paulo, Loyola, 1989, pp. 291-296.

[27] "Mas a Eucaristia não é só princípio do amor "vertical" que une Deus e homem, é também sinal eficaz e ativo da comunhão 'horizontal' entre os crentes. A Eucaristia, segundo a conhecida afirmação medieval, constrói a Igreja. As observações pastorais de 1Cor 11,17-33 nos revelam que a moldura concreta da celebração eucarística era de um banquete fraterno, o ágape, uma verdadeira e própria festa de amor recíproco. Esta unidade nascia justamente da participação no único corpo de Cristo, que tornava os cristãos uma só pessoa: 'Os muitos são um só corpo porque participam de um só pão' (1Cor 10,17)" [Carlo Maria Martini, Editoriale, em: AA.VV.,

Paulo aprofundará e tirará algumas consequências desta dimensão eclesial-social da Eucaristia no capítulo seguinte, onde censurará os coríntios pelas divisões que há entre eles (na verdade, entre ricos e pobres), quando se reúnem "em assembleia" (*"en ekklesía"*) (1Cor 11,17-34), no capítulo 12, ao falar da unidade do corpo e da diversidade de membros e de carismas (1Cor 12,12-27), e no capítulo final, quando dará recomendações práticas sobre a coleta em favor da Igreja de Jerusalém (1Cor 16,1-4). Note-se que, aqui, ele estabelece uma relação entre a coleta para os pobres de Jerusalém e a celebração da Eucaristia: "No primeiro dia de cada semana, cada um separará o que conseguiu poupar" (1Cor 16,2). Não se poderia sublinhar melhor a ligação entre a oferta eucarística e a oferta fraterna! Sendo os coríntios melhores em falar que em agir, Paulo vai se alongar em 2 Coríntios sobre o projeto da coleta (2Cor 8-9), chamando-a justamente de *"koinonía"* (comunhão) (2Cor 8,4).

Se alargássemos o olhar para além dos textos paulinos, teríamos que dizer que o Novo Testamento apresenta a comunhão entre Cristo e a Igreja essencialmente

> de duas formas: como comunhão *com* o Cristo e como comunhão *no* Cristo. Não parece que haja alternativa, antes complementação, e esta complementação se encontra um pouco em todas as camadas do Novo Testamento (...) A comunhão eucarística Cristo-Igreja leva consigo, de fato, à comunhão fraternal dos membros do Cristo entre si (cf. 1Cor 12,26; At 4,32; etc.), e esta lógica não é acidental ou marginal, mas é absolutamente fundamental, a tal ponto que há que se pôr em questão a comunhão Cristo-Igreja quando ela (a comunhão) não se exprime em comunhão fraternal de *todos os que a ceia une ao Cristo* (...) A comunhão com Cristo faz da Igreja um corpo, seu corpo; é a razão pela qual a Igreja não poderia existir sem Eucaristia; daí porque também a *epiclese* clássica invoca o Espírito "sobre *nós* e estes dons", para que uns e outros tornem-se corpo de Cristo.[28]

La Cena del Signore, em: *Parola Spirito e Vita*. Roma/Bologna, Quaderni di lettura biblica (Editoriale), 1979, p. 5].

[28] Jean Jacques von Allmen, *Estudo sobre a Ceia do Senhor*, São Paulo, Duas Cidades, 1968, pp. 71.78.79.

2.2 Eucaristia e Igreja nos Santos Padres

Em toda a literatura patrística, Eucaristia e Igreja aparecem tão unidas que não se pode falar de uma sem pensar na outra. Da plêiade de testemunhos patrísticos – referidos especialmente por De Lubac primeiro em *Catholicisme. Les aspects sociaux du dogme* (Cerf, *1938*) e, depois, em profusão, em *Corpus mysticum. Essai sur l'Eucharistie et l'Église au moyen âge* (Aubier, 1949) –, basta citar, em ordem cronológica, alguns.

Cipriano de Cartago († 258), denodado defensor da unidade da Igreja, recorre à metáfora dos muitos grãos que formam o único pão (já usada pela Didaché e por Inácio de Antioquia):

> Quão sólida seja a unanimidade cristã (...) o declaram por si mesmos os sacrifícios do Senhor. Com efeito, quando o Senhor chama seu corpo o pão, que é feito de muitos grãos reunidos, com isto significa a união de todo o povo cristão, que ele levava em si. Quando chama seu sangue o vinho, que é uma só bebida de muitos cachos, significa ainda a grei que somos nós, provenientes de uma multidão reconduzida à unidade.[29]

Justificando por que Paulo, em 1Cor 10,16, fala de "comunhão" e não de "participação", João Crisóstomo († 407) esclarece:

> Porque quis mostrar algo mais, isto é, para manifestar uma grande união. Não é para participar ou para receber que nós comungamos, mas é sobretudo para tornarmo-nos uma coisa só. De fato, aquele corpo [assumido na encarnação] tornou-se uma coisa só com Cristo, assim também nós nos tornamos uma só coisa com ele por meio deste pão (...). O que é o pão? O corpo de Cristo! O que se tornam aqueles que o recebem? O corpo de Cristo! Não muitos corpos, mas um só corpo. De fato, como o pão, embora composto de muitos grãos, é uma só coisa, e os grãos ainda que presentes não se percebem mais pois sua diferença desaparece na união, assim também nós estamos unidos uns aos outros e a Cristo. Não é que tu te nutres de um corpo e o outro de outro, mas todos nós nutrimos do mesmo (...). Ora, se todos [participamos] do mesmo e nos

---

[29] Cipriano, *Epistola* 69, c. 5, n. 2: "*... gregem item nostrum significat commixtione adunatae multitudinis copulatum*" (Bayard, t. 2, pp. 242-243).

tornamos uma só coisa, por que então não manifestamos o mesmo amor e não nos tornamos consequentemente uma coisa só?[30]

Numa instrução mistagógica, dirigindo-se aos neobatizados, Agostinho († 430) é incisivo:

Aí se diz: *O Corpo de Cristo*. E respondeis: *Amém*. Sede, pois, membros do Corpo do Cristo, para que seja verdadeiro o vosso Amém. – E por que este mistério é feito com o pão? – Nós não dizemos nada de nosso. Escutemos o Apóstolo, que, falando deste sacramento, diz: "Somos muitos, nós os numerosos, um só corpo, um só pão". Compreendei e alegrai-vos. Unidade, piedade, caridade! Um só pão: e o que é este pão único? – Um só corpo, feito de muitos. Pensai que o pão não se faz com um só grão, mas com um grande número. Durante os exorcismos, éreis de alguma maneira sob a mó. No Batismo fostes embebidos de água. O Espírito Santo veio então em vós como o fogo que assa a massa: Sede, pois, o que vedes e recebei o que sois.... Quanto ao cálice, irmãos meus, recordai como se faz o vinho. Muitos grãos pendem do cacho, mas o líquido que escorre de todos se confunde na unidade. Assim o Senhor quis que nós lhe pertencêssemos, e consagrou no seu altar o mistério da nossa paz e da nossa unidade".[31]

Cirilo de Alexandria († 444) aborda eucaristicamente a relação unidade-individualidade:

---

[30] João Crisóstomo, *In 1Cor hom*. 24,2: PG 61, 200.

[31] "Os fiéis reconhecem o Corpo de Cristo, se não negligenciam ser Corpo de Cristo. Tornemo-nos Corpo de Cristo, se queremos viver do Espírito de Cristo. Do Espírito de Cristo não vive senão o Corpo de Cristo (...) Queres então viver tu também do Espírito de Cristo? Esteja no Corpo de Cristo! (...) Eis porque o apóstolo Paulo, explicando-nos este pão, diz: 'Há um só pão, muitos somos um só corpo' (1Cor 10,17). Ó sacramento da piedade, ó sacramento da unidade, ó vínculo da caridade! Quem quer viver tem de onde viver, tem de quê viver. Aproxima-te, crê, incorpora-te para ser vivificado. Não desprezes a comunhão dos membros (...)" (Agostinho, *Sermo* 272 e 234: PL 38, 1247.1116). "Se quereis compreender o Corpo de Cristo, escutai o que o apóstolo Paulo diz aos fiéis: 'Vós sois corpo de Cristo e sois os seus membros' (1Cor 12,27). Por isso, é o vosso próprio mistério que é colocado sobre a mesa do Senhor. É o vosso mistério que recebeis. No momento da comunhão, o sacerdote diz 'o Corpo de Cristo', e vós respondeis 'Amém!'. Quando dizeis 'Amém', dizeis sim a tudo o que sois" (idem).

Para fundir-nos na unidade de Deus e entre nós, embora tenhamos cada um uma personalidade distinta, o Filho único inventou um meio maravilhoso: por meio de um só corpo, o seu, santifica os fiéis na comunhão mística, fazendo-os um só corpo consigo mesmo e entre eles. Nenhuma divisão pode sobrevir no interior do Cristo. Unidos todos com o único Cristo por meio do seu próprio corpo, recebendo-o todos, ele, uno e indivisível, nos nossos corpos, nós somos membros deste corpo único, e ele é para nós assim o vínculo da unidade.[32]

Leão Magno († 461), com clareza e concisão, diz tudo o que a Igreja vivia e cria ao comungar. "A participação do corpo e do sangue de Cristo não faz outra coisa senão transformar-nos naquilo que tomamos".[33]

Três séculos depois, aproximando-se já o final do período patrístico, João Damasceno († 749), em quem ressoa toda a tradição grega, mantém o mesmo ensinamento: "Se o sacramento é uma união com Cristo, e ao mesmo tempo uma união de uns com os outros, [ele] nos proporciona em todos os sentidos a unidade com aqueles que como nós o recebem".[34]

E Henri de Lubac, que se celebrizou por explorar e expor com rara beleza e precisão a relação constitutiva entre Eucaristia e Igreja, conclui: "Seguindo os padres, que não tinham feito senão comentar os textos da Escritura e da liturgia, toda a Idade Média latina viveu desta doutrina". E prossegue:

> Teólogos e pregadores, exegetas e liturgistas, polemistas e poetas a expõem cada um por seu turno. A todos parece tão central que as suas discussões a deixam intacta. Como não é o privilégio da especulação sapiente, assim também não é o bem particular de uma escola. Partidários de Pascásio Radberto, de Rabano Mauro ou de Ratramno, de Floro e de Amalário; defensores do "metabolismo ambrosiano", do "dinamismo agostiniano" ou do "simples realismo romano" (...), qualquer que seja a relação que estabelecem entre "o corpo nascido da Virgem" e o corpo eucarístico; que na sua afirmação da presença sacramental ponham o

---

[32] Cirilo de Alexandria, *In Joannem*, 11,11: PG 56, 260. *Hom.* 24 in I Cor. (61,200).

[33] Leão Magno, *Sermo* 63,7: PL 54, 357C.

[34] João Damasceno, *De fide orthodoxa*, 1.4, c. 13: PG 94, 1154.

2.3 Eucaristia e Igreja na *lex orandi*

Tendo ouvido a Escritura, lancemos nosso olhar, agora, sobre a Liturgia, mais precisamente, a oração com a qual a Igreja desde os seus primórdios faz a Eucaristia: a anáfora, a oração eucarística, o cânon.

A oração eucarística, enquanto discurso oracional que a comunidade reunida dirige ao seu parceiro divino, é um corpo vivo e palpitante, cujos membros interagem em função do conjunto.

Isto salta aos olhos quando prestamos atenção às suas ascendências veterotestamentárias e judaicas. A observação atenta destas orações [AT] nos ajuda a captar a dinâmica literário-teológica da oração litúrgica, que, com suas duas articulações maiores – louvor/ação de graças e súplica –, conecta todos os elementos internos do discurso oracional.

Nestas orações, mesmo quando tenham inserido como um "enxerto literário" (*émbolon*) a narração institucional – comumente chamada "consagração" –, vê-se que esta não pode subsistir sozinha. Ou seja, não se pode isolar a consagração, como se ela, sozinha, representasse a eficácia de toda a oração eucarística. É enquanto membro vivo do corpo literário-teológico que é a oração eucarística, que ela desprende todas as suas possibilidades dinâmicas. A oração eucarística, com efeito, deve ser encarada como um organismo perfeitamente estruturado pela [inter]conexão dos seus membros. Neste sentido, a narração institucional ou a consagração interage, sempre da mesma maneira, com a sucessiva anamnese e, em modalidades que variam, com a dupla epiclese: a primeira, que pede a transformação do pão e do vinho no corpo e no sangue sacramentais de Cristo, e a segunda, que pede a transformação dos comungantes no corpo eclesial de Cristo.

Nas anáforas ocidentais, as palavras da narração institucional e a anamnese estão enquadradas por duas epicleses: a epiclese sobre as oblatas pede a intervenção divina para a sua transformação no corpo e no sangue sacramentais de Cristo, a epiclese sobre os comungantes

---

[35] Henri de Lubac, Cattolicismo. *Aspetti sociali del dogma*, Milano, Jaca Book, p. 60.

pede que os comungantes sejam transformados no corpo eclesial de Cristo. Mesmo se encontrando materialmente separadas, as duas súplicas constituem uma única e indivisível súplica.

Nas liturgias orientais, o caráter unitário das duas epicleses é ainda mais claro, uma vez que a epiclese sobre as oblatas vem depois da narração institucional e a sua anamnese, isto é, imediatamente antes da epiclese sobre os comungantes. O pedido soa assim: "Manda o teu santo Espírito sobre este pão e este vinho, 'a fim de que' (*hína/ut*) ele transforme o pão no Corpo e o vinho no Sangue do teu Cristo, 'a fim de que' (*hína /ut*), comungando, sejamos transformados num só corpo". Em algumas anáforas orientais – o caso típico é a de Basílio – as duas epicleses chegam a ser cruzadas, num eloquente quiasma literário-teológico: "Manda o teu Espírito sobre *nós* e sobre estes *dons*, para que transforme os *dons* no corpo sacramental, a fim de que, comungando, *nós* sejamos transformados no corpo eclesial". Os méritos desta configuração quiástica são diversos: a) evidencia a ação de cada uma das pessoas divinas; b) precisa que toda a ação eucarística convirja para a Igreja, ou seja, para aquele corpo que – no ritmo histórico-salvífico do "já" e do "ainda não" – se constrói na sinaxe eucarística; em linguagem escolástica, o termo último – e, portanto, a finalidade própria da celebração eucarística – não é o "corpo sacramental" (o *sacramentum et res*), mas o "corpo eclesial" (a *res tantum*), isto é, a edificação da Igreja (como Corpo de Cristo),[36] ou seja, a epiclese mais importante – aquela

---

[36] Cesare Giraudo, Eucaristia e Chiesa, em: G. Calabrese; Ph. Goyret; O. F. Piazza (ed.), *Dizionario di ecclesiologia*, Roma, Città Nuova, 2010, p. 655. "A partir do século XI (...) se começou a distinguir o sacramento como três elementos, repartidos em três graus de profundidade, e todos os três necessários à sua integridade: o *sacramentum-tantum*, isto é, o sinal exterior; o *sacramentum-et-res*, isto é, a coisa contida sob o sinal, esta mesma de uma realidade mais profunda; e a *res-tantum*, fruto definitivo do sacramento. O primeiro destes elementos era constituído, com os ritos do sacrifício, pelas espécies do pão e do vinho: *forma panis et vini*; o segundo, pelo corpo mesmo de Cristo: *veritatis carnis et sanguinis*; e o terceiro, pela unidade da Igreja: *virtus unitatis et caritatis*" (Henri de Lubac, *Cattolicismo. Aspetti sociali del dogma*, Milano, Jaka Book, 1978, p. 62). Coube a Pedro Lombardo introduzir, de forma sistemática e didática, na teologia eucarística estes três níveis distintos de profundidade: o *sacramentum tantum*: o rito do pão e do vinho [destinado a produzir] b) a *res et sacramentum*: a transformação do

para a qual a outra é ordenada – é o pedido para a nossa transformação no corpo eclesial; c) a transformação dos comungantes em Corpo de Cristo exige a transformação das oblatas em Corpo de Cristo, o que se faz, normalmente, buscando na Escritura o lugar teológico escriturístico próprio e o encontra na narração institucional – inscrito tal e qual no corpo da oração – do corpo "que está para ser dado" e do sangue "que está para ser derramado", no pleno respeito da conotação futura.

Nas novas orações eucarísticas, esta dinâmica é muito mais evidente, sobretudo na Oração eucarística II. Se tirarmos (literariamente e com fim didático) o relato institucional e a anamnese, temos o seguinte resultado oracional: "Santificai, pois, estas oferendas, derramando sobre elas o vosso Espírito, a fim de que se tornem para nós o Corpo e o Sangue de Jesus Cristo, vosso Filho e Senhor nosso" (epíclese sobre as oblatas) "e vos suplicamos que, participando do Corpo e do Sangue de Cristo, sejamos reunidos pelo Espírito Santo num só corpo" (epiclese sobre os comungantes).

O que se pede no foco principal da oração eucarística (*prex*) – "a fim de que, comungando, sejamos transformados num só corpo" – culmina na comunhão (*ritus*). Ainda que a teologia especulativa do segundo milênio tenha respondido, como num tributo à crise berengariana e à teologia dialética, que a celebração eucarística se destina a tornar presente nas espécies consagradas aquele Jesus que cada fiel quer receber na sagrada comunhão, a *lex orandi* nunca deixou de transmitir um ensinamento muito mais rico.

Diz Cesare Giraudo:

---

pão e do vinho no "corpo sacramental", ou seja, aquela realidade intermediária que é a presença real [destinada, por sua vez a produzir], c) a *res tantum*, quer dizer, a transformação dos comungantes no "corpo eclesial". Ademais, propõe uma definição de sacramento em sentido próprio, diante das muitas realidades que também possuem uma dimensão sacramental: parte da ideia de sinal da graça e sinal visível da graça invisível (Agostinho), mas introduz o elemento da "causalidade", que o especifica; em relação ao sacramento da Ordem, introduz a ideia de caráter unido ao poder (*potestas*) para consagrar a Eucaristia; este poder sobre o "corpo verdadeiro"(a Eucaristia) de Cristo acarreta o poder sobre o "corpo místico" (a Igreja), na contramão da compreensão antiga (cf. Eloy Bueno de la Fuente, *100 momentos-clave de la teología cristiana,* Monte Carmelo, Burgos, 2010, pp. 65-66).

A epiclese para a nossa transformação escatológica, justamente entendida como chave de leitura última da celebração eucarística, nos obriga a compreender que a presença real não nos é dada só para que possamos adorar Cristo sob as espécies eucarísticas e, ainda, que a comunhão não nos é dada principalmente para que possamos encontrar e receber no coração o amigo Jesus, ao qual dar por alguns instantes férvida companhia. O Senhor não instituiu a Eucaristia em função dos nossos olhos que o contemplam, nem dos nossos joelhos, que o adoram. Ele a instituiu – *primo* e *per se* (em primeiro lugar e de per si) – em função das nossas bocas, que dele se nutrem. Em suma, a instituiu para que a comamos· *"ut sumatur"*, diz Trento (DS 1643).[37]

2.4 Eucaristia e Igreja na *lex credendi*

Se, no primeiro milênio, pode-se dizer que, no tocante à Eucaristia, houve uma correspondência muito íntima entre a *lex credendi* e a *lex orandi*, o mesmo não se pode dizer em relação ao segundo milênio. Aliás, deve-se mesmo dizer que, até o século IX – um pouco mais, um pouco menos –, a *lex orandi* determinou a *lex credendi*.

A partir, porém, do século IX, a metodologia eucarística muda. Os padres da Igreja são substituídos pelos padres da Escolástica, que se comportam como livres intérpretes de uma visão teológica que presumem professar. Para os padres da Igreja, a *lex orandi* regula a correspondente *lex credendi*; para os teólogos dos neoconvertidos povos germânicos, a *lex credendi* assume o comando e, como mestre monocrática, orienta, reduz e desarticula – salvo algumas exceções, sobretudo entre os pré-escolásticos (Pascásio Radberto [†859], Floro de Lião [†860])[38] e, na baixa Idade Média, Thomas Netter de Walden [†1430][39] – a compreensão da Eucaristia testemunhada pela *lex orandi*.

---

[37] Cesare Giraudo, Eucaristia e Chiesa, em: G. Calabrese; Ph. Goyret; O. F. Piazza (ed.), *Dizionario di ecclesiologia*, Roma, Città Nuova, 2010, p. 657.

[38] Cf. P. Radberto, *De corpore et sanguine Domini* 12, 55-56: CCM 16, 79; ibidem, 15, 97-103: CCM 16, 96; F. de Lyon, *De expositione missae* 60: PL 119, 52d-53a.

[39] O teólogo carmelita Netter aplicou a noção de "transubstanciação" – já desenvolvida para explicar o modo da transformação do pão e do vinho no Corpo e no Sangue de Cristo – para a Igreja: "A Igreja é o corpo místico de Cristo, no qual, através da recepção do Batismo e da sagrada Eucaristia, são transubstanciados

Escreve-se muito sobre a Eucaristia, mas as reflexões se referem cada vez menos às orações e aos ritos litúrgicos, tornam-se cada vez mais dialéticas, recorre-se com muita liberdade à Escritura e aos santos padres com o intuito de sustentar as próprias teses (*dicta probantia*).

Como para os demais sacramentos, as primeiras perguntas se referem à sua instituição, matéria, forma, eficácia e os grandes eixos passam a ser a presença real, sacramentalidade, o sacrifício.[40] Comenta Cesare Giraudo:

> Ainda que os teólogos continuarão a falar do *sacramentum tantum*, isto é, do rito e da *res tantum*, isto é, da transformação no corpo eclesial (cf. Tomás, *STh*. III, q. 73, a.6: III, q. 80, a. 4), de fato acabarão por interessar-se de maneira cada vez mais determinada e exclusiva pela *res et sacramentum*, entendida como *res sacramenti*, isto é, à finalidade imediata da celebração, que é a produção do corpo sacramental, deixando sempre mais na sombra a finalidade última do próprio corpo sacramental, que é justamente a edificação do corpo eclesial.[41]

A excessiva preocupação em afirmar a verdade do corpo sacramental acarretou uma grave consequência para a teologia eucarística: perde-se a percepção da unidade e da interação entre os "dois" corpos de Cristo, isto é, entre a Eucaristia e a Igreja. O resultado mais vistoso foi, de um lado, a compreensão da Igreja em chave cada vez mais jurídica, e, do outro, a Eucaristia vivida em forma cada vez mais objetivista, individualista e devocional.

Enquanto, no primeiro milênio, as grandes controvérsias haviam sido trinitárias, cristológicas e pneumatológicas, nos albores do segundo, o centro das discussões teológicas foi ocupado pela Eucaristia. Após as invasões barbáricas, mais exatamente em período carolíngio, em virtude daquilo que Alexander Gerken chama de "forma germânica de

---

(*transsubstantiantur*) os cristãos" [Cesare Giraudo, Eucaristia e Chiesa, em: G. Calabrese; Ph. Goyret; O. F. Piazza (ed.), *Dizionario di ecclesiologia*, Roma, Città Nuova, 2010, p. 652].

[40] Cf. A. Ganoczy. *Os sacramentos. Estudo sobre a doutrina católica dos sacramentos*. São Paulo, Loyola, 1988, pp. 71-85.

[41] Cesare Giraudo. Eucaristia e Chiesa, em: G. Calabrese; Ph. Goyret; O. F. Piazza (ed.), *Dizionario di ecclesiologia*, Roma, Città Nuova, 2010, p. 652.

pensar",[42] chegou-se à primeira controvérsia eucarística (mais precisamente, sobre o modo da presença de Cristo na Eucaristia) em torno à interpretação dos textos de Agostinho, opondo, de um lado, Pascásio Radberto (790-865), e, do outro, primeiro, Ratramano de Corbie (IX) e, mais tarde, no auge da crise, de um lado, Lanfranco de Pavia/Bec/ Canterbury (1005-1089) e, do outro, seu ex-discípulo Berengário de Tours († 1088). A reação prática (instituída) contra as posições de Berengário, às vezes diametralmente extremada, levou a "uma rica floração de gestos, de atitudes e de ritos totalmente desconhecidos nos séculos precedentes"[43]: substituição do pão pela hóstia branca; o fim da comunhão na mão; a recepção da comunhão de joelhos; a criação da mesa de comunhão: a comunhão só sob a espécie do pão; a elevação da hóstia consagrada – acompanhada de exibições prolongadas, toque dos sinos, afluxo dos fiéis ausentes; a elevação do cálice; uma incensação especial no momento da elevação; a genuflexão por parte do celebrante; invocações eucarísticas por parte dos fiéis no momento da consagração; a comunhão espiritual ou "manducação pelo olhar"; as procissões do Santíssimo Sacramento; as exposições e bênçãos do Santíssimo; uma configuração cada vez mais privilegiada do tabernáculo (sacristia → *propitiatorium* → *tabernáculos murais* → *edículas eucarísticas*); a introdução das lâmpadas eucarísticas; a introdução do ostensório e do trono; a composição dos grandes hinos eucarísticos; a diminuição da

---

[42] "Assim, em torno do século IX chegou-se à primeira controvérsia eucarística em torno da interpretação dos textos de Agostinho, sem nem sequer suspeitar que toda a problemática que daí decorria não tinha origem nos textos, mas na forma germânica de pensar (...) os conteúdos do pensamento antigo aderiram quase sem suturas ao pensamento germânico, porém logo sofreram uma profunda mudança, não obstante o permanecer da língua latina e frequentemente dos relativos conceitos formais" (A. Gerken, *Teologia dell'eucaristia*, Alba, Paoline, 1977, p. 106). Aliás, Gerken remete ao historiador J. Lortz, segundo o qual o primeiro encontro com a cultura antiga (e com a fé cristã até então inculturada no mundo greco-romano) não foi exatamente uma assimilação ou elaboração, mas mais uma "cópia" no significado literal do termo. Diz Lotz: "a palavra de ordem soa: copiar, copiar, copiar!" (J. Lortz, *Geschichte der Kirche*, 21. ed., Münster, 1962, p. 163. v. I).

[43] C. Giraudo, *Num só corpo. Tratado mistagógico sobre a eucaristia*, São Paulo, Loyola, 2003, p. 444.

comunhão sacramental.[44] O historiador da liturgia Jungmann lê em profundidade o que está acontecendo na passagem do Io ao IIo milênio:

> Não se presta mais atenção ao que simboliza o sacramento: a relação entre o Corpo sacramental do Senhor ou, como se começa a dizer, o Corpo "verdadeiro" do Senhor e seu Corpo que é a Igreja (...) A mesma coisa para a relação do sacramento com a morte do Senhor. Não se dá mais atenção à participação da assembleia ao sacrifício de Cristo e de seu movimento para Deus, movimento ao qual apelava o cumprimento do sacramento. A missa torna-se cada vez mais o mistério da descida divina, que se admira e se contempla de longe; mesmo a participação à Mesa do Senhor nos dias de festa tornou-se, para a grande massa dos fiéis, uma exceção: a Eucaristia, há tempo, não é mais o pão cotidiano. O sacramento não tem mais relação com a vida de todos os dias: é desta época que se data o emprego do pão não fermentado.[45]

Na prática e no pensamento do Ocidente, especialmente em área (franco)-germânica, na passagem da antiguidade cristã à primeira (ou alta) Idade Média, assiste-se a "uma reviravolta, em relação à doutrina eucarística, que teve uma influência decisiva até aos nossos dias".[46] Estamos diante de uma dissociação entre *lex credendi* e *lex orandi*, e entre Eucaristia e Igreja. Foram dez séculos de paralelismo entre o magistério da teologia e o magistério da liturgia.[47] A percepção desta fratu-

---

[44] Cf. ibidem, pp. 444-448; J.-A. Jungmann, *Missarum solemnia. Explication génétique de la Messe romaine*, Paris, Aubier, 1950, pp. 106-126; M. Righetti, *Manuale di storia liturgica*, 3. ed., Milano, Ancora, 1966.

[45] J.-A. Jungmann, *Missarum solemnia. Explication génétique de la Messe romaine*, I, p. 117.

[46] A. Gerken, *Teologia dell'eucaristia*, Alba, Edizioni Paoline, 1977, p. 105.

[47] "Pode-se dizer que, em matéria de teologia e de prática, o segundo milênio conheceu o paradoxo da *coincidentia oppositorum*, uma vez que, junto a uma grande convergência de fidelidade eclesial e de fé eucarística, experimentou uma divergência igualmente grande entre uma Igreja compreendida em chave sempre mais jurídica e uma Eucaristia vivida através de formas cada vez mais devocionais. Eucaristia e Igreja que, no primeiro milênio, procediam de "pari passo" e de comum acordo, no segundo milênio se encaminharam por vias diversas, sem mais sentir a necessidade de encontrar-se" [Cesare Giraudo, Eucaristia e Chiesa, em: G. Calabrese; Ph. Goyret; O. F. Piazza (ed.), *Dizionario di ecclesiologia*, Roma, Città Nuova, 2010, p. 652].

ra, porém, suscitou, com grande intensidade no século XX, um conjunto de iniciativas – sob o nome de Movimento Litúrgico[48] – que desaguaram na retomada da afirmação da unidade entre Eucaristia e Igreja, na chamada "eclesiologia eucarística",[49] numa participação mais ativa dos fiéis na celebração da Eucaristia. Aliás, foi particularmente da Alemanha e da França que vieram à luz alguns impulsos que tornaram possível e necessário uma nova ou (re)novada compreensão da Eucaristia: 1) um movimento bíblico-patrístico, começado no período entre as duas guerras mundiais, representados pela abadia de Maria-Laach e por nomes como Romano Guardini e, sobretudo, Odo Casel, com sua misteriologia (*Mysterionlehre*), e que inspirou uma ampla pesquisa em campo litúrgico (pense-se na obra de Joseph-André Jungmann, *Missarum sollemnia*, e de Joannes Betz sobre a patrística grega); 2) um movimento teológico, de cunho bíblico-ecumênico, com nomes como o de Franz J. Leenhardt, reformado, Joachim Jeremias, luterano, e a abadia beneditina belga de Saint-Croix d'Amay em Chevetogne; 3) uma reflexão filosófica de cunho antropológico, que, ligada à filosofia de Martin Heidegger, começou a superar uma interpretação "coisificante" da Eucaristia por uma concepção em termos de "relação" transcendental, representada particularmente por Bernhard Welte (*Zum Verständnis der Eucharistie,* 1965) e por Karl Rahner (*Wort und Eucharistie,* 1960).

Coube ao Vaticano II reconciliar coerentemente a *lex credendi* com a *lex orandi*, que, na celebração da Eucaristia, nunca deixara de ensinar que o Corpo e o Sangue do Senhor são para ser por nós consumidos (*sumpserimus*) e, assim, nos preencher dos bens escatológicos

---

[48] No Movimento Litúrgico sobressaem os nomes de Prosper Guéranger († 1875), Columba Marmion († 1923), Odo Casel († 1948), Maurice Festugière († 1950), Pius Parsch († 1954), Ildefonso Schuster († 1954), Lambert Beauduin († 1960), Romano Guardini († 1968), Josef Andreas Jungmann († 1975), Mario Righetti († 1975), Giacomo Lercaro († 1976), Annibale Bugnini († 1982), Cipriano Vagaggini († 1999) e tantos outros.

[49] No campo ortodoxo, os principais nomes são Nicolaj Afanassieff († 1966) – observador no Vaticano II –, Georgiu Florovskij († 1979), Alexander Schmemann († 1983), Ioannis Zizioulas (1931-); na área católica, destacam-se Henri de Lubac († 1991), Yves Congar († 1995), Jean-Marie Tillard († 2000), Bruno Forte (1949-) e outros.

(*omni beedictione caelesti et gratia repleamur*).[50] Vamos, pois, aos textos principais do Concílio sobre o tema da relação entre Eucaristia e Igreja.

Lumen gentium 3 – que trata da missão e obra do Filho, enviado para manifestar e realizar o desígnio salvífico universal do Pai – mostra como o dom de si por parte de Cristo sobre a cruz se ritualiza e atualiza na celebração da Eucaristia. A finalidade da Eucaristia, com efeito, é duplo: a) re-presentar e a-presentar-nos à obra da nossa redenção ("Toda vez que se celebra sobre o altar o sacrifício da cruz com o qual 'Cristo nossa Páscoa foi imolado' [1Cor 5,7], se cumpre a obra da nossa redenção");[51] b) manifestar e produzir a comunhão eclesial ("e ao mesmo tempo com o sacramento do pão eucarístico é representada e realizada a unidade dos fiéis que constituem em Cristo um só corpo [cf. 1Cor 10,17], à qual são chamados todos os seres humanos") (LG 3).

Ao desenvolver o tema da atuação do "sacerdócio comum" (LG 10) – que é existencial, comum a todos os batizados e comunitário/coletivo – na celebração dos sacramentos e das virtudes, *Lumen gentium 11* retoma, sintetizando-a, aquela afirmação da *Sacrosanctum Concilium* 10 ("cume para o qual tende toda a ação da Igreja e, ao mesmo tempo, fonte da qual promana toda a sua virtude") frequentemente repetida, segundo a qual a Eucaristia é "fonte e cume de toda a vida cristã" e, em seguida, destaca três aspectos da Eucaristia:

> participando do sacrifício eucarístico, (...), oferecem a Deus a vida divina e a si mesmos com ela; oferecendo o sacrifício e recebendo a santa comunhão, tomam parte ativamente na ação litúrgica, não de maneira indistinta mas cada um segundo a própria condição; alimentando-se do corpo de Cristo na santa assembleia, manifestam concretamente a unida-

---

[50] Canon Missae, em. *Missale Romanum ex decreto Sanctissimi Concilii Tridentini restitutum – S. Pii V Pontificis Maximi jussu editum – aliorum pontificum cura recognitum a Pio X reformatum et Benedicti XV auctoritate vulgatum*, 16. ed., Taurini/Romae, Marietti, 1955, p. 241. Algumas orações após a comunhão, ademais, mencionam sua finalidade comunial (segunda-feira da 3ª semana da Quaresma; 5º domingo da Quaresma; Vigília pascal; 7º domingo da Páscoa; 11º domingo do Tempo comum; 13º domingo do Tempo comum; 33º domingo do Tempo comum etc.).

[51] Cf. Secreta do IX Domingo depois de Pentecostes (Missal romano).

de do povo de Deus, unidade que o sacramento da Eucaristia admiravelmente exprime e realiza.[52]

Verdadeira pérola de eclesiologia eucarística temos em LG 26, que desenvolve o tema do *munus sanctificandi* do bispo:

Revestido da plenitude do sacramento da Ordem, o bispo é o "administrador da graça do supremo sacerdócio" (84), principalmente na Eucaristia, que ele mesmo oferece ou providencia para que seja oferecida (85), e pela qual vive e cresce a Igreja. Esta Igreja de Cristo está verdadeiramente presente em todas as legítimas comunidades locais de fiéis, as quais, aderindo aos seus pastores, são elas mesmas chamadas igrejas no Novo Testamento (86). Pois elas são, no local em que se encontram, o novo povo chamado por Deus, no Espírito Santo e com plena segurança (cf. 1Ts 1,5). Nelas se congregam os fiéis pela pregação do Evangelho de Cristo e se celebra o mistério da Ceia do Senhor "para que o corpo da inteira fraternidade seja unido por meio da carne e sangue do Senhor" (87). Em qualquer comunidade que participa do altar sob o ministério sagrado do bispo (88), é manifestado o símbolo do amor e da unidade do Corpo místico, sem o que não pode haver salvação (89). Nestas comunidades, embora muitas vezes pequenas e pobres, ou dispersas, está presente Cristo, por cujo poder se unifica a Igreja una, santa, católica e apostólica (90). Pois "outra coisa não faz a participação no Corpo e Sangue de Cristo, do que transformar-nos naquilo que recebemos".[53]

O *munus sanctificandi*, porém, não pode ser visto sem relação com o *munus docendi* e, particularmente, com o *munus regendi*. O decreto *Presbyterorum ordinis* dedica quatro tópicos ao ministério da Palavra (PO 4), cinco ao ministério dos sacramentos (PO 5) e seis ao pastoreio do povo de Deus (PO 6). Embora o Concílio tenha dado particular atenção ao ministério da Palavra e à celebração dos sacramentos, o *munus regendi* acabou por se tornar uma categoria globalizante do ministério presbiteral. Não por acaso, o léxico pastoral permeia o inteiro decreto: o verbo *pascere* aparece duas vezes, o substantivo *pastor*, 17, o adjetivo *pastoralis*, 14. A elaboração de PO 6 deve muito a três

---

[52] "E na sua Igreja instituiu o sacramento da Eucaristia, pelo qual a unidade da Igreja é significada e realizada" (UR 2).

[53] A citação final é de S. Leão M., *Sermo* 63,7: PL 54, 357 C.

ANTONIO JOSÉ DE ALMEIDA

padres conciliares: Elchinger, Roo e Charbonneau.[54] Segundo Elchinger, o *munus pastorale* é a categoria que abarca melhor toda a missão de Cristo, da Igreja, do bispo e do presbítero, sendo a celebração eucarística o ponto de convergência dos "*tria munera*". Para Elchinger, a ordenação sacerdotal não confere antes de tudo o poder de celebrar a Eucaristia ou de pregar a Palavra de Deus, mas de congregar os fiéis. Roo e Charbonneau, igualmente, veem na "pastoralidade" a categoria fundamental e compreensiva de todas as funções presbiterais. Para Roo, o múnus essencial da hierarquia consiste em estar à frente da Igreja missionária peregrina para o Pai, como sacramento de Cristo pastor e cabeça, devendo, portanto, a descrição do sacerdócio do presbítero se inspirar na ideia de participação na missão de Cristo pastor. De acordo com Charbonneau, pastor não é só aquele que consagra a Eucaristia, preside o culto, anuncia a Palavra de salvação; fundamentalmente é aquele que preside o rebanho que lhe foi confiado como seu cabeça e guia.[55]

PO abre-se justamente com estas palavras: "Exercendo o múnus de Cristo Cabeça e Pastor na parte de autoridade que lhes toca, os presbíteros reúnem, em nome do bispo, a família de Deus, como fraternidade animada por um só objetivo e levam-na por Cristo no Espírito a Deus Pai" (PO 6,1). Na sequência, apresenta os presbíteros como "educadores da fé" (PO 6,2), devedores de modo particular aos pobres e aos mais humildes (PO 6,3), formadores da comunidade cristã (PO 6,4). Em PO 6,5, porém, o Concílio vai ressaltar o papel eminente da Eucaristia: "Não se edifica, no entanto, nenhuma comunidade cristã, se ela não tiver por raiz e centro a celebração da Santíssima Eucaristia: por ela, há de iniciar-se, por isso, toda a educação do espírito comunitário". Como, aliás, já o fizera PO 5,3: "A Assembleia Eucarística é o centro desta comunidade de fiéis presidida pelo presbítero".

---

[54] À época do Vaticano II, Léon-Arthur Elchinger (1908-1998) era bispo auxiliar de Strasbourg; Remi Joseph De Roo (1924-) tornou-se bispo de Victoria (Canadá) em 1962; Paul-Émile Charbonneau (1922-2014) foi bispo auxiliar de Otawa e, em seguida, bispo de Hull no Québec.

[55] Cf. E. Castellucci, Presbyterorum ordinis. Introduzione e comento, em: S. Noceti – R. Repole (ed.), *Christus Dominus, Optatam totius, Presbyterorum ordinis*, Bologna, EDB, 2017, p. 393ss.

Continuamos, assim, a prática de reunião dos primeiros cristãos (At 2,42), pois a comunhão da Igreja se alimenta à mesa do Senhor com o Pão da Palavra e com o Pão do Corpo de Cristo.[56] A Eucaristia nos faz membros do mesmo Corpo (1Cor 10,17): é fonte e cume da vida cristã (LG 11), sua expressão mais perfeita e o alimento da vida em comunhão, vida de filhos e irmãos.

3. A Igreja faz a Eucaristia

À pergunta "quem faz a Eucaristia?", a resposta unânime, quer nos textos do Novo Testamento, quer nos textos dos primeiros escritores cristãos, é clara: a Igreja. "Antes de mais nada, a ceia do Senhor é um ato da comunidade inteira: seja qual for a sua condição social, os fiéis se reúnem regularmente para uma ceia fraterna".[57]

De fato, escrevendo aos coríntios, Paulo dirige-se à comunidade toda. Não só no cabeçalho (1Cor 1,1-2), mas, especificamente, quando fala da Eucaristia, onde abundam os pronomes "nós" (1Cor 10,14-22) e "vós", "vos", "vossos", "vossas" (1Cor 11,17-34), relativos aos "bem-amados" reunidos "em Igreja" (1Cor 11,18).

E quem preside a celebração da Eucaristia nas comunidades paulinas? Há algum presidente fixo ou a presidência passa de mão em mão, num sistema de rodízio? A presidência da Eucaristia obedece a algum princípio institucional ou é entregue àquele que, na ocasião, manifestar carisma para tanto? Afinal, o que dizem os escritos paulinos a respeito? E o restante do Novo Testamento?

---

[56] Não se trata de opor *Ecclesia de Eucharistia* a *Ecclesia creatura Verbi*: Afirmamos "a Igreja é *creatura Verbi*, que ela é criada pela Palavra e que a sua existência encontra consistência na Palavra de Deus" (...) "desde que não se reduzam os dons através dos quais Deus se constituiu uma Igreja unicamente à Palavra". "O gerar a Igreja por parte da Palavra – que é o "semen Dei" – não é unicamente o ato dos inícios. Incessantemente, a Igreja é chamada à obediência de fé para com a Palavra" (...) (Y. CONGAR, *La Parole et le Souffle*, Paris, Desclée de Brouwer, 1983, pp. 57.58).

[57] X. Léon-Dufour, *O partir do pão eucarístico segundo o Novo Testamento*, São Paulo, Loyola, 1984, p. 24.

Em Paulo, não se encontra nenhuma palavra sobre a presidência da ceia do Senhor. De 1Cor 11 se deduz que, naquela Igreja, se celebrava a ceia do Senhor também estando Paulo ausente, mas não se diz se havia um ofício de presidência e quem o exercesse.

O mesmo se pode dizer do restante do Novo Testamento:

> Sobre a presidência da ceia do Senhor, o Novo Testamento não é explícito, ainda que as narrações sinóticas sublinhem que, na última ceia, Jesus estava "com os Doze" (Mt 26,20; Mc 14,17; cf. Lc 22,14 – apóstolos = Doze) e, portanto, só eles receberam o mandamento: "Fazei isto em memória de mim" (Lc 22,19; 1Cor 11,24.25).[58]

Neste sentido, há a convicção de que, estando presente um apóstolo, caberia a ele a presidência, o que a celebração da fração do pão em Trôade confirmaria (At 20,7-12).

O formato da ceia familiar judaica festiva – sobre o qual se calcou a fração do pão cristã – parece decisivo para resolver esta questão.[59] Nestas ceias rituais, cabia ao chefe da casa (ou a um hóspede ilustre) a presidência. Comentando 1Cor 14,16 ("Se deres graças apenas com teu espírito, como poderá o ouvinte não iniciado dizer 'Amém' à tua ação de graças, visto que não sabe o que dizes?"), observa Perrot: "Ainda que a celebração da 'ceia do Senhor' seja comunitária, parece haver uma distinção entre 'todos' e 'algum' (ou 'alguns'): 'Note-se, neste caso, a distinção feita entre os costumes judaicos, entre os que recitam as orações 'eucarísticas' e os que as convalidam' (através do 'amém')".[60]

Pode-se fundamente dizer que, também na Igreja primitiva, quem presidia a Igreja local presidia também a Eucaristia.[61] Segundo a Apologia I de Justino, a presidência da Eucaristia compete ao "*proes-*

---

[58] E. Cattaneo, *I ministeri nella Chiesa Antica. Testi patristici dei primi tre secoli*, Milano, Paoline, 1997, p. 205.

[59] Cf. X. Léon-Dufour, *O partir do pão eucarístico segundo o novo Testamento*, São Paulo, Loyola, p. 29.

[60] C. Perrot, L'Eucaristia nel Nuovo Testamento, em: M. Brouard (ed.), *Eucharistia. Enciclopedia dell'Eucaristia*, Bologna, EDB, p. 77.

[61] Cf. H.-M. Legrand, La présidence de l'Eucharistie selon la tradition ancienne, *Spiritus* 18 (1977), pp. 409-431; M. Guerra, El sacerdócio y el ministerio de la eucaristia en las primeras comunidades cristianas, *TdS* 9 (1977), pp. 41-118; R. Banks,

tós" (aquele que é preposto aos irmãos), o qual, depois da leitura das memórias dos apóstolos e os escritos dos profetas (por um leitor), e da homilia (feita também pelo presidente), trazidos o pão, o vinho e a água, "eleva súplicas e ações de graças com toda a sua capacidade".[62]

Em Antioquia da Síria, segundo o testemunho de Inácio († 107 circa), há um bispo, um presbitério e alguns diáconos, cabendo ao bispo, rodeado pelos presbíteros e diáconos, presidir a Eucaristia (Ef 20,2), que deve ser única (Fl 4,1) e não pode ser celebrada sem o bispo: "Por legítima seja tida tão somente a Eucaristia, feita sob a presidência do bispo ou por delegado seu" (Esm 8,1).

Esta, aliás, foi a regra geral nos primeiros séculos: quem preside a Igreja preside a sua Eucaristia.[63] A organização eclesial apoiava-se sobre o tripé: uma cidade – um bispo – uma Eucaristia. Daí por que o bispo é visto também como *"hiereus"/"sacerdos"*. A partir, porém, do momento em que, em meados do século IV, com a evangelização sistemática das áreas rurais, surgiram as paróquias, o bispo continuou presidindo a Eucaristia urbana e os presbíteros passaram a presidir as Eucaristias nestas novas comunidades rurais. Foi a esta altura que os presbíteros também começaram a ser chamados de sacerdotes.

Numa palavra: a Eucaristia era celebrada por toda a assembleia, estruturada ministerialmente, sob a presidência do bispo ou – a partir do século IV – também de um presbítero. Esta foi a prática e a consciência compartilhadas no período patrístico e, de modo geral, na alta Idade Média. Alguns perigos, porém, rondam esta prática.

A reviravolta pela qual passou a compreensão da Eucaristia em período carolíngio, entretanto, repercutiu também na celebração da Eucaristia.

Ordinamento e governo della Chiesa, em: G. F. Hawthorne; R. P. Martin; D. G. Reid (ed.), San Paolo, Cinisello Balsamo (MI, 1999, p. 230 etc.).

[62] Justino, *1 Apologia* 67,3-7 (cf. *1 Apologia* 65,3-5). Tertuliano informa que "o sacramento da Eucaristia (...) nós o recebemos da mão de nenhum outro senão daqueles que presidem (*praesidentium*)".

[63] H.-M. Legrand, *La présidence de l'Eucharistie selon la tradition ancienne, Spiritus* 69, 1977, pp. 409-431.

Aquelas inovações vieram acompanhadas por uma crescente separação entre o clero e os demais fiéis. É bom lembrar que, já por volta do século III, dera-se aquilo que Alexandre Faivre chama de ereção de uma "barreira institucional" entre clero e leigos: acentua-se, por um lado, a distinção entre ministros ordenados e leigos, o que redundou num crescente distanciamento entre sacerdotes e leigos e, *a fortiori*, leigas, na celebração da Eucaristia;[64] por outro, assiste-se a uma divinização dos ministros ordenados, particularmente do bispo, o que, a curto e a longo prazo, levou a um esvaziamento teológico e prático dos leigos. O que Tertuliano definiu no início do século III (leigo = *non-clericus*) deu seu amargo fruto no século IX: "A separação entre o altar e o povo, entre os clérigos e os leigos, entre os portadores da plenitude do sacerdócio e a comunidade – esta separação, que pertence à essência mesma da Igreja, nunca foi esquecida –, tende a tornar-se cada vez mais evidente, e pode-se falar mesmo de uma barreira entre os dois"[65] – a manutenção do latim na liturgia, apesar de ser compreendido apenas por uma parte do clero e da aristocracia; a colocação do altar contra a parede, ao fundo da ábside; o deslocamento da cátedra episcopal para o lado direito da ábside; a tribuna (*jubé*) vai se transformando num verdadeiro muro de separação entre o coro reservado aos sacerdotes e a nave da igreja.

Esta divisão entre povo e clérigos no culto público da Igreja – "a chaga da mão esquerda da santa Igreja", segundo Rosmini[66] – perdurou oficialmente até a segunda metade do século XX... e ainda não se desfez totalmente.

---

[64] Diz a Didascalia dos Apóstolos (últimas décadas do século III): "Portanto, assim como não era permitido ao estrangeiro, isto é, àquele que não era levita, aproximar-se do altar ou fazer uma oferta sem o sumo sacerdote, assim vós não fareis nada sem o bispo. Se alguém fizesse alguma coisa sem o bispo, o faria em vão, porque nao lhe seria reconhecido como um trabalho. De fato, não convém fazer nada sem o príncipe dos sacerdotes. Levai, portanto, os vossos dons ao bispo ou diretamente ou através da mediação dos diáconos e, quando os tiver recebidos, os distribuirá com justiça" (Didascalia II, 27, 1-3).

[65] Joseph-André Jungmann, *Missarum solemnia. Explication génétique de la Messe romaine,* I, Paris, Aubier, 1950, p. 116.

[66] A. Rosmini, *Las cinco llagas de la Santa Iglesia. Tratado dedicado al clero católico*, Maracaibo, Ediciones Península, 1968, pp. 39-55. (A obra de Rosmini, escrita em Correzzola, na região de Pádua, é de 1832.)

Entretanto, graças a um conjunto de ideias e movimentos – no nosso caso, sobretudo o movimento litúrgico – que convergiram no Concílio Vaticano II, a presidência da Eucaristia só pode ser vista *na* Igreja e *a serviço* da Igreja, concretamente, a assembleia dos fiéis (*christifideles*), que é o verdadeiro sujeito da ação litúrgica. É suficiente a afirmação de *Sacrosanctum Concilium* 26:

> As ações litúrgicas não são ações privadas, mas celebrações da Igreja, que é o 'sacramento da unidade', isto é, o povo santo, unido e ordenado sob a direção dos bispos.[67] Por isso, estas celebrações pertencem a todo o Corpo da Igreja, e o manifestam e afetam; mas tocam (*attingunt*) a cada a cada um dos membros de modo diferente, conforme a diversidade de ordens, ofícios e da participação atual (SC 26).[68]

Daí decorrem a preferência pela celebração comunitária (SC 27), o *"quisque solum et totum agat"* (SC 28), os ministérios litúrgicos não ordenados (SC 29), as expressões típicas da participação ativa dos fiéis (SC 30), inclusive prevendo-as nas rubricas dos novos livros litúrgicos (SC 31), a desautorização de qualquer acepção de pessoas na liturgia (SC 32), o uso do vernáculo (SC 36) etc.

Evidentemente, para encontrar sua plena legitimação teológica, o princípio enunciado em SC 26 tinha que se articular com o conjunto da renovação da eclesiologia. Com efeito, não basta dizer que a liturgia é

---

[67] Convém lembrar que o próprio Concílio de Trento, no Decreto sobre a Missa, ensina: "Nam celebrato veteri Pascha, quod in memoriam exitus de Aegypto *multitudo filiorum Israël* immolabat (cf. Ex 12), novum instituit Pascha, se ipsum *ab Ecclesia per sacerdotes* sub signis visibilibus immolandum in memoriam transitus sui ex hoc mundo ad Patrem, quando per sui sanguinis effusionem nos redemit 'eripuitque de potestate tenebrarum et in regnum suum transtulit' (Cl 1,13)" (DH 1741).

[68] "Não se pode captar o verdadeiro alcance desta afirmação (de per si muito tradicional), senão levando em conta o contributo que veio progressivamente do Movimento Litúrgico, no interior do qual diversos autores procuraram recuperar a dimensão eclesial do culto, não só como afirmação de princípio, mas também como exigência de envolvimento de todos os fiéis na ação litúrgica. Tratava-se de reaproximar ativamente os fiéis daquela liturgia que, ao longo dos séculos, se tornara geralmente prerrogativa dos ministros sacros ou dos monges, substituída com orações de tipo devocional" [L. Girardi, *Sacrosanctum Concilium Inter mirifica*, em: S. Noceti; R. Repole (ed.), *Commentario ai Documenti del Vaticano II*, Bologna, EDB, 2014, p. 140].

ANTONIO JOSÉ DE ALMEIDA

celebração da Igreja; é necessário especificar que a Igreja é uma realidade unitária – uma comunhão –, que todos os membros compartilham o seu ser, a sua edificação, a sua missão. Neste sentido, SC 26 deve ser lido no horizonte de SC 14 (preâmbulo à parte relativa à "necessidade de promover a educação litúrgica e à ativa participação"):[69]o direito-dever dos fiéis de participar na liturgia tem seu fundamento no Batismo, portanto, na condição cristã comum a todos os membros do povo de Deus. A *Lumen gentium*, por sua vez, desenvolverá uma visão de Igreja como povo de Deus, segundo a qual

> ainda que alguns por vontade de Cristo sejam constituídos mestres, dispensadores dos mistérios e pastores em benefício dos demais, reina, contudo, entre todos verdadeira igualdade quanto à dignidade e ação comum a todos os fiéis na edificação do Corpo de Cristo. Porquanto a distinção que o Senhor estabeleceu entre os ministros sacros e o restante do povo de Deus traz entre si uma verdadeira união (LG 32).

Neste contexto, ganha toda sua relevância os números 10 e 11 da mesma *Lumen gentium* sobre o sacerdócio comum e sua expressão nos sacramentos, respectivamente.

A liturgia, portanto – especialmente a Eucaristia –, pertence a todo o corpo da Igreja, o manifesta e o implica (SC 2). Cada fiel está envolvido e se reconhece nela. Contudo,

> não se deve temer que isto signifique uma anulação das distinções ministeriais. De fato, cada membro da comunidade participa da mesma ação litúrgica segundo a própria condição e função ministerial. A unidade orgânica da comunidade que celebra contém as diferenças dos ministérios, impedindo que cada um pretenda esgotar em si a realidade da Igreja a ponto de desautorizar os outros na realização das ações litúrgicas.[70]

---

[69] SC 14. "Está aí o fundamento da reforma litúrgica, que visa, de um lado, a restituir sua verdade às celebrações e, do outro lado, a promover a participação dos fiéis. São *eles*, é a *ecclesia*, ela mesma compreendida, na linha dos padres, como o 'nós' dos cristãos" (Y. Congar, Religion et institution, em: AA.VV., *Théologie d'aujourd'hui et de demain*, Paris, Cerf, 1967, p. 88).

[70] L. Girardi; A. Grillo; D. E. Viganò, *Sacrosanctum Concilium. Inter Mirifica*, Bologna, EDB, 2014, p. 141.

PROCURAM-SE PADRES

Tratando-se de todo o corpo da Igreja, o ministério pastoral – que, a seu modo, sucede o ministério dos apóstolos – tem que estar necessariamente presente. A Eucaristia só pode ser presidida por um bispo ou por um presbítero; sem a presidência de um bispo ou de um presbítero não existe Eucaristia. A *Lumen gentium*, falando do múnus episcopal de santificar, afirma: "O bispo, distinguido pela plenitude do sacramento da Ordem, é o 'administrador da graça do sacerdócio supremo', mormente na Eucaristia, que ele mesmo oferece ou cuida que seja oferecida, e pela qual a Igreja vive e cresce".[71] Mais adiante, falando dos presbíteros, diz:

> Cristo, a quem o Pai santificou e enviou ao mundo (Jo 10,36), fez os bispos participantes de sua consagração e missão, através dos Apóstolos, de quem são sucessores. Os bispos passaram legitimamente o múnus do seu ministério, em grau diverso, a pessoas diversas na Igreja. Assim, o ministério eclesiástico, divinamente instituído, é exercido em diversas ordens pelos que desde a antiguidade são chamados bispos, presbíteros e diáconos. Embora os presbíteros não possuam o ápice do pontificado e no exercício de seu poder dependam dos bispos, estão, contudo, com eles unidos na dignidade sacerdotal.[72]

Os diáconos, como ensina *Lumen gentium* 29, recebem a imposição das mãos "não para o sacerdócio, mas para o ministério".[73]

Numa palavra, *a Igreja que faz a Eucaristia* é a Igreja toda, reunida em assembleia eucarística, presidida por um bispo ou um presbítero:

> Esta Igreja de Cristo está verdadeiramente presente em todas as legítimas comunidades locais de fiéis, que, unidas com seus pastores, são também elas no Novo Testamento chamadas "igrejas". Estas são em seu lugar o

---

[71] LG 26 a.

[72] LG 28.

[73] Sabe-se que o texto está truncado. O original reza: "Na ordenação do diácono, só o bispo impõe as mãos porque o diácono não é ordenado para o sacerdócio, mas para o serviço do bispo: para fazer o que lhe é por este determinado" (Tradição Apostólica 23, 15-20). Nos *Statuta Ecclesiae Antiqua* [Gália, em torno do ano 475], falta a parte final: "Quando é ordenado um diácono, só o bispo, que o abençoa, imponha a mão sobre a sua cabeça, pois é consagrado não para o sacerdócio (*non ad sacerdotium*), mas para o ministério (*sed ad ministerium*)".

povo novo chamado por Deus, no Espírito Santo e em grande plenitude (1Ts 1,5). Nelas se celebra o mistério da Ceia do Senhor...[74]

A Igreja faz a Eucaristia, para que a Eucaristia faça a Igreja: "'a fim de que, comendo e bebendo o Corpo e o Sangue do Senhor, toda a fraternidade se una intimamente" [Oração moçárabe: PL 96, 759B]. Em toda comunidade de altar unida para o sacrifício, sob o ministério sagrado do bispo, manifesta-se o símbolo daquela caridade e "unidade do corpo místico, sem a qual não pode haver salvação" [São Tomás de Aquino, *Summa theologiae* III, q. 73, a.3]. Nestas comunidades, embora pequenas e pobres, ou vivendo na dispersão, está presente Cristo, por cuja virtude se consocia a Igreja una, santa, católica e apostólica. Pois "a participação do Corpo e do Sangue de Cristo não faz outra coisa senão transformar-nos naquilo que tomamos" [São Leão Magno, *Sermão* 63,7: PL 54, 357C].[75]

---

[74] LG 26.

[75] LG 26.

CAPÍTULO IV

Por um novo modelo de presbítero

Após este périplo pelas questões teológicas de fundo – a relação entre Eucaristia e Igreja, e entre Igreja e Eucaristia –, podemos esboçar os elementos e indicar os passos que, a nosso ver, constituiriam uma resposta à pergunta: que fazer diante do desafio de dezenas de milhares de comunidades Brasil afora que não têm acesso regular à celebração regular da Eucaristia? O modelo de presbítero que vamos delinear traz as marcas da experiência eclesial-comunitária, que deu seus passos iniciais nos primeiros anos da segunda metade do século passado e continua a ser uma realidade viva. Os elementos que apresentamos a seguir têm cara, jeito e cheiro de comunidades. Por isso, pensamos que seja a resposta mais adequada para as comunidades que, devido à escassez de presbíteros, não podem celebrar regularmente – nem dizemos dominicalmente – a Eucaristia. A Igreja, que teve tantos modelos de presbítero no passado e que, também hoje, é servida por tantos outros,[1] sairia enriquecida por mais este, que, no momento, ousamos chamar de "presbíteros comunitários".

---

[1] O decreto *Presbyterorum ordinis*, ao mesmo tempo que insiste na unidade (em última análise, sacramental) dos presbíteros, contempla uma diversidade de "figuras" presbiterais: "Todos os presbíteros são enviados a cooperar na mesma obra, exerçam eles um ministério paroquial ou supraparoquial, contribuam eles para investigar ou para transmitir a ciência, dediquem-se eles até a trabalhos manuais, participando da sorte dos próprios operários (...), cumpram eles outras atividades apostólicas ou preparatórias para o apostolado" (PO 8). Para Medellín, "uma clara consequência da orientação conciliar é a superação da uniformidade na figura do presbítero", que exercerá seu ministério também "em consonância com as exigências pastorais das diferenças carismáticas" (Medellín 11, 22).

1. O processo

O processo, muitas vezes, é tão ou até mais importante que a decisão. No caso de o Magistério abrir a possibilidade de ordenação de homens casados como presbíteros, em nossa maneira de ver, o processo de implantação dessa decisão é essencial. Não se trata simplesmente de, a partir de um "sinal verde" da autoridade competente, começar a ordenar homens casados maduros na fé e na vida cristã, que passariam a preencher os vazios de presença presbiteral, mas de avaliar, de maneira sinodal, quais os contextos eclesiais de onde viriam os candidatos e quais os contextos a serviço dos quais seriam ordenados. Nossa indicação é que esse contexto seja justamente as comunidades em que, nas condições atuais, a celebração regular da Eucaristia se tornou muito difícil, quando não quase impossível.[2]

1.1 Partir das comunidades

Desde a década anterior ao Concílio, mas, sobretudo, na década seguinte, observou-se um crescimento impressionante de comunidades na Igreja da América Latina, especialmente no Brasil.[3] Essas comunidades são heterogêneas, indo desde pequenos grupos mais informais,

---

[2] O Pe. Reginaldo Ubinguer, da Arquidiocese de Maringá, trabalhou alguns anos na Diocese de Guajará-Mirim, em Rondônia. O território da Diocese de Guajará-Mirim (89.000 km²) é 14 vezes maior que o da Arquidiocese de Maringá (6.294 km²). Uma paróquia que englobava 2 municípios, onde atuou como vigário paroquial, tinha 32.000 habitantes, 42 comunidades rurais e 6 urbanas. Para celebrar em 6 comunidades rurais por semana, tinha que sair da sede paroquial 3 dias, atendendo 2 comunidades por dia. As comunidades urbanas eram atendidas nos finais de semana. Para atender a todas as comunidades rurais uma vez por mês e as urbanas a cada 15 dias, presidia, nos finais de semana, 5 missas e, num final de semana por mês, 8. O pároco e ele precisavam de 7 (sete) semanas para atender a todas as comunidades. E há, na Amazônia brasileira, (Arqui)dioceses e prelazias com situações muito mais desafiadoras que essa!

[3] Cf. Faustino Luiz Couto Teixeira, *A fé na vida. Um estudo teológico-pastoral sobre a experiência das comunidades eclesiais de base no Brasil*, São Paulo, Loyola, 1987; idem, *A gênese das CEBs no Brasil: elementos explicativos*, São Paulo, Paulinas, 1988; idem, *Comunidades eclesiais de base: bases teológicas*, Petrópolis, Vozes, 1988.

passando por comunidades eclesiais de base, até grandes comunidades de alguma forma integradas em paróquias em processo de renovação e que, sob vários aspectos, replicam a estrutura paroquial.

A CNBB, de diversas maneiras, tem incentivado a dimensão comunitária da pastoral e a formação de comunidades. Basta uma olhada rápida ao Plano de Emergência (1962-1965), ao Plano de Pastoral de Conjunto (1965-1970), às sucessivas Diretrizes Gerais da Ação Evangelizadora da Igreja no Brasil, e a outros documentos para certificar-se disso.[4] Em 2014, a 52ª Assembleia geral da entidade, após um processo que durou dois anos e envolveu os mais diversos segmentos da Igreja, aprovou o documento *Comunidade de comunidades: uma nova paróquia*, que visa – mediante a conversão pastoral dessa expressão de Igreja que atravessa séculos – "ampliar a formação de pequenas comunidades de discípulos convertidos pela Palavra de Deus e conscientes da urgência de viver em estado permanente de missão", o que implica "em revisar a atuação dos ministros ordenados e dos cristãos leigos, superando a acomodação e o desânimo".[5]

Em relação à questão da dificuldade de se celebrar regularmente a Eucaristia nas comunidades por falta de sacerdotes, este mesmo documento repisa a opção pelas celebrações da Palavra (cf. SC 34), extremamente valorizadas na Conferência de Aparecida, mas, só graças a uma emenda de última hora, acena à busca de soluções mais permanentes para as dezenas de milhares de comunidades sem acesso à celebração regular da Eucaristia:

> Milhares de comunidades não têm oportunidade de participar da Eucaristia todos os domingos. Também elas devem e podem viver o Dia do Senhor com a celebração dominical da Palavra de Deus, "que faz presente o Mistério pascal, no amor que congrega (cf. Jo 3,14), na Palavra acolhida (cf. Jo 5,24-25) e na oração comunitária (cf. Mt 18,20)"

---

[4] "Muitas vezes, nossas comunidades mal merecem este nome, porque são demasiadamente grandes, massificadas, impessoais. Devemos continuar o nosso esforço de estimular a formação de comunidades menores ou de grupos, que facilitem um relacionamento direto e pessoal" (CNBB, *Vocação e missão dos cristãos leigos e leigas*, n. 121).

[5] CNBB, *Comunidade de comunidades: uma nova paróquia. A conversão pastoral da paróquia*, São Paulo, Paulinas, 2014, n. 8 (Introdução).

ANTONIO JOSÉ DE ALMEIDA

(DAp 253). *No entanto, torna-se urgente a busca de soluções duradouras para que as comunidades possam contar com a celebração da Eucaristia.*[6]

Estamos convencidos de que é nas próprias comunidades que vamos encontrar as pessoas em condições de assumir o ministério presbiteral. Vocações ao presbiterado existem; é preciso buscar as pessoas certas nos lugares certos!

1.2 Valorizar a existência de ministérios não ordenados nas comunidades

As comunidades, à medida que vão sentindo a vida e a missão da Igreja como suas, "começaram a sentir-se elas próprias responsáveis por suas próprias necessidades". Uma das consequências deste processo é o surgimento de lideranças que vão respondendo às mais variadas necessidades da comunidade a partir de seus carismas: "Surgiram líderes leigos sob muitas denominações diferentes".[7]

Esta experiência é vivida em muitas áreas da América Latina onde se assumiu sistematicamente o projeto de formação de comunidades num clima de abertura, confiança e corresponsabilidade, sob o impulso renovador do Concílio Vaticano II, especialmente de sua eclesiologia e de sua teologia dos ministérios.[8]

Nunca é demais lembrar que foi justamente o Concílio Ecumênico Vaticano II que, no contexto mais amplo da diversidade de carismas, serviços e ministérios,[9] fundamentou teologicamente a possibilidade de leigos assumirem verdadeiros e próprios ministérios, prática que,

---

[6] Ibidem, 277.

[7] F. Lobinger, *Desenvolver-se na fé: um direito da comunidade*, cit., p. 54.

[8] Cf. A. J. Almeida, *Ministérios não ordenados na Igreja latino-americana*, São Paulo, Loyola, 1989.

[9] As passagens principais do Vaticano II a respeito são: SC 41; LG 7 c e f, 12 b, 13 c, 28 a, 20 b, 32, 33 b; AA 3 d, 4 f, 22 a, 24 f; GS 32 d, 43 b; AG 15 h-i, 21; UR 2b; AA 2.

sem esta nomenclatura, já começava a despontar em algumas áreas e se mostrava cada vez mais urgente em praticamente toda a Igreja.[10]

Em 15 de agosto de 1971, Paulo VI publicou o *motu proprio Ministeria quaedam*, que, entre outras providências, dispôs que os ministérios de leitor e acólito podem ser confiados também aos fiéis leigos – que permanecem tais –, de modo que não sejam mais considerados reservados aos que se encaminham aos ministérios ordenados. Muitas Igrejas locais entreviram, nesta nova forma de ministério, um enquadramento teológico e canônico pastoralmente viável para dar uma resposta institucional a novas demandas da vida e da missão da Igreja.

O Sínodo sobre *A Evangelização no Mundo Contemporâneo*, em 1974, constituiu-se num fórum privilegiado para um primeiro balanço dos "novos ministérios", que despontavam sobretudo nas Igrejas do então chamado Terceiro Mundo. A exortação pós-sinodal *Evangelii nuntiandi* (1975) diz que os leigos, além da presença nas realidades temporais – que é "sua primeira e imediata tarefa" (EN 70) –, "podem também sentir-se chamados ou vir a ser chamados para colaborar com os pastores ao serviço da comunidade eclesial, para o crescimento e vida da mesma, pelo exercício dos ministérios muito diversificados, segundo a graça e os carismas que o Senhor houver por bem depositar neles" (EN 73 a). Sobre a relação pastores – ministros não ordenados –, a *Evangelii nuntiandi* lembra: "Tais ministérios virão a ter um verdadeiro valor pastoral na medida em que se estabelecerem com um respeito absoluto da unidade e aproveitando-se da orientação dos pastores, que são precisamente os responsáveis e os artífices da mesma unidade da Igreja" (EN 73 e).

Medellín estava muito voltada para o papel do leigo na sociedade.[11] Mas Puebla, num novo contexto, discerniu o fenômeno recente dos ministérios não ordenados e ofereceu orientações visando a fortalecê-los

---

[10] LG 12 b, 33b,; AA 3 d, 24 f; AG 15 h-i, 21 c; cf. A. J. Almeida, *A teologia dos ministérios não ordenados na Igreja da América Latina*, São Paulo, Loyola, 1989; A. Borras; G. Routhier, *Les nouveaux ministères. Diversité et articulation*, Montréal, Médiaspaul, 2009; A. J. Almeida, *Novos ministérios. A necessidade de um salto à frente*, São Paulo, Paulinas, 2013.

[11] Cf. Medellín, Documento 10. Movimentos de laicos.

e incrementá-los.[12] Santo Domingo simplesmente confirmou o que as conferências anteriores ensinaram a respeito.[13] Aparecida não precisou de mais de quatro linhas para explicar a gênese dos novos ministérios e dar asas à imaginação para a criação de outros: "Uma paróquia renovada multiplica as pessoas que realizam serviços e acrescenta os ministérios. Igualmente, nesse campo, se requer imaginação para encontrar resposta aos muitos e sempre mutáveis desafios que a realidade coloca, exigindo novos serviços e ministérios".[14]

A 37ª Assembleia Geral da CNBB, em 1999, aprovou o documento *Missão e ministérios dos cristãos leigos e leigas* – elaborado com a participação de leigos, leigas, diáconos, presbíteros, teólogos e teólogas, ao longo de mais de dois anos –, que, certamente, se constitui num marco da caminhada da Igreja católica no Brasil. Em 2014, chegou à 13ª edição. Sobre os ministérios exercidos por leigos e leigas, diz:

> Um contingente ainda maior [que o de catequistas] de leigos e leigas assume outros ministérios, como a animação da comunidade e da liturgia, as pastorais sociais, o ministério extraordinário do Batismo e da distribuição da Comunhão Eucarística, da Palavra, das Exéquias e a função de Assistentes Leigos do Matrimônio. Em média, atualmente [1999], para cada presbítero, as comunidades dispõem de mais de 50 (cinquenta) leigos, exercendo tarefas ou ministérios pastorais.[15]

1.3 Prosseguir a formação e o acompanhamento dos novos ministros

O decreto *Apostolicam actuositatem* do Vaticano II dedica todo um capítulo à formação dos leigos. Insiste sobre a necessidade de uma formação múltipla e integral,[16] apresenta princípios para a formação dos

---

[12] Puebla, 804-805.811-817.833.

[13] Santo Domingo, 95.101.

[14] Aparecida 202; cf. 99, 162, 169, 170, 179, 184, 188, 211, 458, 513.

[15] CNBB, *Missão e ministérios dos cristãos leigos e leigas*, São Paulo, Paulinas, 1999, n. 39. Cf. R. Valle; M. Pitta (ed.), *Comunidades eclesiais católicas*, Petrópolis, Vozes, 1994.

[16] Cf. *Apostolicam actuositatem* 28.

leigos em consonância com sua índole secular, sua espiritualidade e a diversidade de ambientes,[17] aponta os vários sujeitos envolvidos,[18] mostra que a formação deve ser adequada aos diversos tipos de apostolado[19] e indica meios a serem empregados.[20]

Entre nós, a Conferência de Medellín é explícita e contundente em relação à formação do clero, que mereceu um documento específico.[21] Quando, porém, se lê o documento da II[a] Conferência, sobre movimentos de leigos, tem-se a impressão de que se dirige a leigos já devidamente formados.[22] Nas conferências seguintes, entretanto, a formação dos leigos e, especificamente, dos ministros nao ordenados é urgida com vigor: Puebla[23]; Santo Domingo.[24] Aparecida, diante dos tremendos desafios colocados à vida e à missão da Igreja, não só valoriza e inculca a necessidade de formação dos leigos e leigas, e, dentre eles, dos ministros não ordenados,[25] mas descreve organicamente, no capítulo VI do documento final ("o caminho de formação do discípulo missionário"), todo o processo formativo dos cristãos e cristãs em geral e em suas vocações específicas.[26]

A CNBB tratou, em diversas ocasiões, do tema da formação dos leigos e, especificamente, da formação dos ministros e ministras leigos,[27] além de promover e/ou incentivar inúmeras iniciativas de formação neste âmbito. Mais recentemente, lançou o documento *Cristãos leigos e leigas na Igreja e na sociedade*, onde, no capítulo III – "A ação

---

[17] Cf. *Apostolicam actuositatem* 29.

[18] Cf. *Apostolicam actuositatem* 30.

[19] Cf. *Apostolicam actuositatem* 31.

[20] Cf. *Apostolicam actuositatem* 32.

[21] Segunda Conferência Geral do Episcopado Latino-Americano, *A Igreja na atual transformação da América Latina à luz do Concílio*, 4. ed., Petrópolis, Vozes, 1969, pp. 137-144.

[22] Idem, pp. 115-119.

[23] Puebla 794, 801, 806 c, 832.

[24] Santo Domingo 45, 51, 95, 96, 103, 127, 128.

[25] Aparecida 99, 174, 202, 212, 214, 226,

[26] Aparecida 242-346.

[27] Cf. CNBB, *Missão e ministérios dos cristãos leigos e leigas*, nn. 175-193.

transformadora na Igreja e no mundo" –, aborda, entre outros, o tema da formação.[28]

Não é demais insistir que esta formação deve ser fundamentalmente local, ou seja, paroquial, de canal, diocesana.[29] Lobinger, que se dedicou, durante décadas, como padre, à formação de leigos e leigas, em sua diocese e em nível nacional, na África do Sul, conhece essa questão como poucos.[30] Por isso, entende que a formação deve ser dada em vários níveis, mas insiste no nível local: "A formação deveria ocorrer principalmente na paróquia local e através do sacerdote local. A formação centralizada deveria ser apenas complementar a esta formação local. [De novo] o motivo está em que os candidatos não deveriam desenvolver-se longe da comunidade, mas com ela e com seu sacerdote".[31]

(É claro que, se se abrir a possibilidade de ordenação presbiteral de membros destas comunidades, haverá que se pensar numa formação complementar àquela que já possuem por sua participação e engajamento na comunidade.)[32]

---

[28] Cf. CNBB, *Cristãos leigos e leigas na Igreja e na sociedade*, nn. 225-240.

[29] "O Documento de Aparecida ressalta que em cada diocese haja um projeto de formação do laicato. Um projeto que seja orgânico e envolva todas as forças vivas da Igreja particular, para que se possa chegar a uma convergência das iniciativas, contando para tanto com uma equipe de formação convenientemente preparada" (ibid., 239).

[30] Cf. F. Lobinger, *Serving and leading the Christian Community. Handbook for the leaders of Christian Communities, Lumko Missiological Institut Delmenville*, África do Sul, 1992; idem, *Small Christian Communities*, Lumko Missiological Institut Delmenville, 1992; idem, *Building Small Christian Communities*, 1992; idem, *The Christian Community and its Leaders (For the Conducting Team)*, Lumko Missiological Institut Delmenville, s.d.; idem, *Towards Non-Dominating Leadership. Aims and method of the Lumko Series*, Lumko Missiological Institut Delmenville, s.d.; *The Training of Pastoral Councillors in Shared Responsibility*, Lumko Missiological Institut Delmenville, 1995; F. Lobinger; A. Prior, *Developing Shared Ministries. Awareness Programmes for Introducing Community Ministries*, Lumko Missiological Institut Delmenville, 1992; idem, *The Christian Community and its Leaders. Awareness Sessions designed to guide parishioners in how to relate to their leaders*, Lumko Missiological Institut Delmenville, 1995 etc.

[31] F. Lobinger, Desenvolver-se na fé: um direito da comunidade, op. cit., p. 60.

[32] A formação do clero é indispensável; devem desenvolver as dimensões humano-afetiva, espiritual, teológica e pastoral; após a formação inicial, precisa ser continuada e, às vezes, especializada. Em relação à formação dos presbíteros comuni-

1.4 Buscar quem estiver apto a presidir a comunidade e a Eucaristia

Nas comunidades, homens e mulheres, às vezes jovens, mas de modo geral adultos, assumem os mais diversos serviços e ministérios. São animadores de Grupos de Jovens, responsáveis pela Promoção Humana, líderes da Pastoral da Criança, pessoas dedicadas à Pastoral da Saúde, coordenadores de Círculos Bíblicos (em alguns lugares, Grupos de Reflexão ou Grupos de Vivência), missionários, visitadores, promotores do dízimo, responsáveis pela economia e finanças da comunidade, catequistas, equipes de celebração (comentaristas, leitores, salmistas, cantores, acólitos, instrumentistas, presidentes) e serviço de liturgia, presidentes de celebrações da Palavra, animadores de comunidades (seja de comunidades eclesiais de base, seja de setores ou comunidades semelhantes dentro da paróquia ou referidas diretamente à Diocese).[33]

Nessas comunidades, o Espírito tem sido generoso, e "a cada um é dado um dom do Espírito para utilidade comum" (1Cor 12,7). Mesmo assim, elas não têm um presbítero próprio e permanente para presidi-las e, consequentemente, para presidir a celebração da Eucaristia. Na Igreja primitiva e na Igreja antiga, esta situação anômala absolutamente não existiria: "Não havia Igreja sem Eucaristia e não havia Eucaristia sem bispo"[34] e, mais tarde, com o surgimento das paróquias, sem presbítero.

---

tários, o acento deve recair sobre a formação do discípulo-missionário, a partir do seu engajamento comunitário e pastoral, relacionada com o contexto sócio-histórico-cultural em que vive e atua, visando ao crescimento pessoal do ministro e ao crescimento da comunidade à qual ele serve. Ao longo da história, houve vários modelos de formação do clero; o modelo seminarístico-universitário, consagrado por Trento, produziu belíssimos frutos, mas não deveria ser nem universal nem único, sobretudo nas condições contemporâneas. A formação dos presbíteros comunitários, neste momento, mereceria um modelo peculiar, que a Igreja no Brasil, dado o caso, tem todas as condições de implementar com altíssima competência.

[33] Cf. A. J. Almeida, Os ministérios não ordenados na Igreja Latino-Americana, op. cit.

[34] E. Cattaneo, *I ministeri nella chiesa antica. Testi patristici dei primi tre secoli*, Milano, Paoline, 1997, p. 96.

Será que ninguém, nessas comunidades, teria vocação para assumir o ministério presbiteral? Será que o Espírito Santo que, na Igreja de Corinto, distribuiu, entre seus membros, os dons mais variados, de modo que ela tivesse tudo o que lhe era necessário para ser Igreja e para realizar a missão (cf. 1Cor 12,4-11.28-30) – inclusive a celebração da Eucaristia (cf. 1Cor 11) – nos dias atuais, não está agindo da mesma maneira? Estaria o Espírito dando alguns dons, mas não todos? Por que dá dons que nem seriam tão necessários, e deixaria de dar outros que são essenciais para a Igreja ser plenamente Igreja? Por que, nos últimos tempos, as vocações para o presbiterado só aumentam em alguns países da África e em parte da Ásia? "A direita do Altíssimo mudou" (Sl 77,11)?

O problema não está, evidentemente, do lado de Deus, mas do nosso, que, em relação a esta questão da falta – em muitos lugares, crônica; em algumas áreas, relativa; em outras, absoluta – de ministros ordenados para a presidência da Eucaristia nas comunidades, não temos sido capazes como Igreja de interpretar os "sinais dos tempos"[35] e de voltar ao essencial em matéria de ministério presbiteral, voltando à praxe da Igreja nascente, da Igreja antiga e muito além: "Nenhuma comunidade sem Eucaristia, nenhuma Eucaristia sem comunidade. Nenhuma comunidade sem seu ministro ordenado, nenhum ministro ordenado sem sua comunidade"! Liberada de condicionantes ao acesso ao ministério presbiteral que, sob certos aspectos e em determinados contextos, podem ser considerados convenientes, mas jamais em si necessários e universalmente exigíveis, a Igreja se colocaria em melhores condições para selecionar bons candidatos – entre jovens e adultos, solteiros e casados, com formação universitária e sem – ao ministério presbiteral.

O bispo emérito de Aliwal, na África do Sul, Fritz Lobinger, não sugere a ordenação de "*viri probati*", mas a ordenação de homens, solteiros ou casados, em comunidades que tenham uma boa caminhada eclesial-comunitária, dotadas de serviços e ministérios não ordenados nos vários âmbitos da vida e da missão da Igreja (palavra – culto – carida-

---

[35] "Para desempenhar sua missão, a Igreja, a todo momento, tem o dever de perscrutar os sinais dos tempos e interpretá-los à luz do Evangelho, de tal modo que possa responder, de maneira adequada a cada geração, às interrogações (...) É necessário conhecer e entender o mundo no qual vivemos, suas esperanças, suas aspirações e sua índole frequentemente dramática" (GS 4).

de), cujos membros e lideranças estejam tendo formação adequada às suas necessidades pessoais, familiares, pastorais e missionárias. Caberia à própria comunidade, integrada, evidentemente, na Igreja local, com seu presbitério e seu bispo diocesano, a escolha daqueles que, uma vez ordenados para o presbiterado, presidiriam a comunidade e, consequentemente, a Eucaristia da comunidade.[36]

Não temos dúvida de que contamos com comunidades maduras (*"communitates probatae"*) com pessoas em condição de ser chamadas e ordenadas para assumirem o ministério presbiteral nestas mesmas comunidades.

1.5 Circunscrever o exercício do ministério à sua comunidade

Tais presbíteros não seriam ministros itinerantes, nem párocos de extensas paróquias, mas a princípio ministros estáveis daquela comunidade e só daquela comunidade.

A relação ministro-comunidade é um dado eclesiológico e pastoral a ser valorizado e favorecido pelas comunidades, paróquias e Igrejas locais.

Tudo isso pode parecer estranho, irrealista e utópico, mas esta foi a prática normal nas comunidades eclesiais durante séculos e séculos. Na Igreja antiga, isso era tão importante que quem aspirasse a comunidades mais prestigiosas e atuasse para obtê-las era atingido pela pena da excomunhão:

> Devido aos muitos tumultos e agitações que acontecem, pareceu bem que seja absolutamente extirpado o costume, que teve início em alguns lugares, contra as normas eclesiásticas, de modo que nem bispos, nem presbíteros, nem diáconos se transfiram de uma cidade a outra. E se alguém, depois desta disposição do Santo e Grande Concílio, fizesse algo semelhante, e seguisse o antigo costume, esta sua transferência será sem

---

[36] Cf. H.-M. Legrand, La présidence de l'eucharistie selon la tradition ancienne, *Spiritus* 69 (1977), pp. 409-431.

dúvida considerada nula, e ele deverá retornar à igreja para a qual foi eleito bispo, ou presbítero, ou diácono (Niceia, can. XV).[37]

As circunstâncias atuais de migração e mobilidade são outras. Mesmo assim, há que se buscar uma relação estreita, duradoura, profunda entre o ministro e a comunidade.

Naturalmente, quando, por motivos familiares, profissionais ou outros, o ministro ordenado tiver que deixar a comunidade para a qual foi ordenado, oportunas disposições diocesanas e interdiocesanas estabelecerão sábios critérios e modalidades de inserção do ministro ordenado na nova comunidade.

2. Perfil ideal dos presbíteros comunitários

Vem-me à mente o perfil que Paulo delineia do presbítero-*epískopo*:

É preciso que o epíscopo seja irrepreensível, esposo de uma só mulher, sóbrio, cheio de bom senso, simples no vestir, hospitaleiro, competente no ensino, nem dado ao vinho, nem briguento, mas indulgente, pacífico, desinteresseiro. Que ele saiba governar bem a própria casa, mantendo os filhos na submissão, com toda a dignidade. Pois se alguém não sabe governar a própria casa, como cuidará da Igreja de Deus. Que não seja um recém-convertido, a fim de que não se ensoberbeça e incorra na condenação que cabe ao diabo. Além disso, é preciso que os de fora lhe deem bom testemunho, para não cair no descrédito e nos laços do diabo (1Tm 3,7).

2.1 Discípulo missionário

Só pode assumir o ministério presbiteral na Igreja quem, antes, seja verdadeiro discípulo missionário. Antes de ser ministro da Igreja, o presbítero tem que ser discípulo do Senhor. Ser discípulo consiste em ser

---

[37] "A particular consciência que toda comunidade tinha da própria autonomia e autossuficiência leva a numerosos e densos decretos conciliares, em virtude dos quais os ministros deviam permanecer a serviço da comunidade que os havia eleito e os bispos eram proibidos de aceitar clérigos provenientes de outras Igrejas locais ou de admitir no próprio clero fiéis de outras Igrejas locais" (V. Bo, *Storia della parrocchia. I secoli delle origini*, Bologna, EDB, 1992, p. 79).

chamado e atender ao chamado, receber a ordem de ir atrás dele ("*opísso moû*") e pôr-se efetivamente atrás, seguindo seus passos, fazendo o seu caminho, convivendo com ele, participando de sua vida, incorporando seus valores, atitudes, comportamentos, até se tornar um com ele. O discipulado é uma relação interpessoal, feita de fascinação, amizade, intimidade, paixão pela pessoa de Jesus. Do discipulado brota a missão, como da fonte, o rio. A missão não se acrescenta exteriormente ao discipulado, mas é inerente e inseparável dele. Não é propaganda, mas testemunho. Não é obrigação, mas decorrência espontânea do amor.

2.2 Pertença à comunidade

Os candidatos ao ministério presidencial e eucarístico devem, em princípio, ser da própria comunidade, que é o espaço concreto onde o Espírito floresce, comunicando seus dons, suscitando carismas, atribuindo serviços, distribuindo ministérios. Uma comunidade que não tenha ninguém que possa assumir o ministério presbiteral é uma comunidade que, em princípio, ainda deve caminhar muito para poder celebrar sua própria Eucaristia. Na Igreja Antiga, esta era a praxe normal, tanto assim que, já lembramos, se proibia a transferência de ministros de uma Igreja para outra.[38]

2.3 Formação cultural

Algumas pessoas já questionam o modelo formativo dos presbíteros atuais: a formação intelectual rigidamente acadêmica; muitos anos de formação; o distanciamento progressivo do seminarista em relação à vida real das pessoas. Não seria desejável que os atuais presbíteros tivessem um estilo de vida e um nível cultural compatíveis com o nível cultural médio das comunidades às quais irão servir; a formação intelectual não poderia ser diversificada, adequando-se ao âmbito em que será exercido o ministério e ao nível de exigências da comunidade etc.?

---

[38] Arles [214]: "Os ministros permaneçam nos lugares para os quais foram ordenados" (cân. 2); "presbíteros e diáconos não deixem os lugares aos quais foram destinados; se se transferirem para outro lugar, sejam depostos" (cân. 21) etc. (cf. V. Bo, *Storia della parrocchia. I. I secoli delle origini*, Roma, EDB, 1992, pp. 79ss).

A formação intelectual dos "presbíteros de comunidade" não deveria repetir o padrão de formação dos presbíteros responsáveis por uma paróquia, por um decanato ou por uma pastoral complexa de nível diocesano. Não que não deva ser de bom nível a formação oferecida. O importante, porém, é que se garantam presbíteros cultural e intelectualmente adequados à comunidade em que irão exercer o seu ministério. Um Pedro não era um Paulo; um Marcos não era um João; Inácio de Antioquia estava a quilômetros de distância de um Orígenes; em algumas Igrejas antigas, o bispo não sabia ler, e precisava de um leitor, mas sabia ser bispo! Na verdade, é preciso e é possível encontrar um equilíbrio entre boa formação intelectual e adequação ao perfil – ou, mais exatamente, aos perfis – das comunidades. Ninguém deve passar pelos vexames de João Maria Vianney (que não era intelectualmente tão fraco como, às vezes, se pinta!) em seu período formativo para ser cura de Ars. Não foi por razões intelectuais que ele se tornou "o" Cura d'Ars!

2.4 Escolha comunitária

Na Igreja antiga, quando a comunidade precisava de um bispo, reunia-se em assembleia eucarística e, após a liturgia da Palavra, procedia-se à escolha do candidato, que passava pelo crivo (pelo discernimento) daquela Igreja e dos bispos das Igrejas vizinhas.

É sabido que, nos primeiros séculos do cristianismo, os próprios bispos eram eleitos pelo conjunto da Igreja local e ordenados pelos bispos das Igrejas próximas. A Tradição apostólica, que recolhe e sistematiza práxis anteriores e contemporâneas à sua redação (em torno ao ano 215), afirma: "Que se ordene como bispo aquele que, sendo irrepreensível, tenha sido eleito por todo o povo...".[39] Anteriormente, a Didaqué já dissera: "Elegei bispos e diáconos dignos do Senhor, mansos, sinceros e provados".[40] Cipriano, bispo de Cartago, chama atenção para a origem apostólica deste modo de proceder: "Sabemos que vem de origem divina eleger o bispo na presença do povo e à vista de todos, para que todos o aprovem, como digno e idôneo por testemunho público... Deus

---

[39] Tradição apostólica II.

[40] Didaqué 15.

manda que diante de toda a assembleia se escolha o bispo..., de modo que na presença do povo...".[41]

Uma vez eleito pela comunidade, e ordenado – depois de Niceia (325), por pelo menos três bispos –, o novo bispo assumia a presidência da Eucaristia iniciada por outro. Com o passar do tempo, por motivos graves, mas historicamente contingentes, o processo de escolha dos bispos foi centralizado em Roma; o processo de escolha dos presbíteros dá-se em nível de diocese; e é saudável e desejável que a escolha dos presbíteros das comunidades seja feita pela comunidade e aprovada pela autoridade competente (presbitério diocesano, à cuja frente está o bispo).

2.5 Capacidade de atuar em conjunto

As comunidades precisam de ministros, não de senhores; de animadores, não de ditadores; de líderes que tenham o carisma da totalidade, não a totalidade dos carismas. Daí que tanto os responsáveis por grupos ou serviços quanto os ministros ordenados da comunidade devem demonstrar facilidade para as relações interpessoais, ser fator de coalizão e não de colisão, além de habilidade para construir com a comunidade e suas lideranças as decisões a serem tomadas. Assembleias comunitárias, conselhos de pastoral e conselhos de administração econômico-financeira serão como que o momento institucional maior desta rede de relações, decisões e ações comunitárias. A sinodalidade não é um tema só para as altas e complexas estruturas eclesiais; aliás, só o será efetivamente nos níveis mais altos se, na Igreja toda, a partir de baixo, se desenvolver uma cultura de comunhão e participação, que valorize cada pessoa em sua singularidade e autonomia, que acolha a diversidade de opiniões e a legítima pluralidade de tendências, que incentive a existência de grupos diversificados e a abertura dialogal entre eles, em que a comunhão não mortifique a diferença nem a diferença dissolva a comunhão.

---

[41] Cipriano, Littera 67,4.

2.6 Membro de uma pequena equipe

Lobinger é da opinião de que, na medida do possível, a comunidade não teria um único presbítero a seu serviço para o que é específico deste ministério. Na medida do possível, cada comunidade deveria poder dispor de uma pequena equipe de presbíteros (uma "equipe presbiteral", um "presbitério comunitário"), de modo a evitar a sobrecarga de trabalho, garantir um rodízio na presidência da Eucaristia, assegurar uma legítima e saudável pluralidade de opiniões na animação da comunidade, propiciar tomadas de decisão colegiadas, evitar o autoritarismo e eliminar o clericalismo.

2.7 Exercício de uma profissão

Não há nenhum argumento irrefutável que impeça que um presbítero exerça uma profissão civil e viva dela. O exemplo mais famoso é o do apóstolo Paulo, que, para não ser de peso à comunidade e compartilhar a vida normal das pessoas, exercia a profissão de fabricante de tendas.[42] Se, hoje, diante da escassez crescente de presbíteros e o excessivo montante de trabalhos pastorais, esta prática seja desaconselhada e até formalmente vedada, não deveria ser proibido, entretanto, que, via de regra, os "presbíteros de comunidades" vivam de sua profissão. As vantagens são evidentes; os riscos, poucos, e os custos para a Igreja, quanto à pessoa e família do ministro, muito reduzidos, senão nulos. Não se está advogando a imprescindibilidade do exercício de uma profissão civil, nem por razões financeiras nem por razões ideológicas, mas sua neutralidade ou, em certos contextos, sua conveniência para os presbíteros comunitários.

2.8 Tempo parcial

O presbítero de comunidade não precisa, em princípio, trabalhar em regime de tempo integral e dedicação exclusiva à sua comunidade.

---

[42] "A índole secular caracteriza especialmente os leigos. Pois os que receberam a ordem sacra, embora algumas vezes possam ocupar-se em assuntos seculares, exercendo até profissão secular, em razão de sua vocação particular, destinam-se principalmente e *ex-professo* ao sagrado ministério" (LG 31,2).

As comunidades normalmente não são tão grandes, suas necessidades não são tantas nem tão complexas como as de uma paróquia, as atividades que se esperam do presbítero comunitário são importantes – de algumas, só ele poderá desincumbir-se –, mas não lhe ocuparão todo o tempo. Dentro de um bom planejamento, de uma boa definição das prioridades, de uma sábia administração do tempo, desde que se imponha não assumir (a não ser subsidiária e excepcionalmente) o que não seja específico, próprio e peculiar ao seu ministério (sem, é claro, se tornar um ser desencarnado e exótico), o presbítero comunitário não precisa mais do que "meio expediente" (desculpem a inadequada linguagem burocrática) para dar o melhor de si à comunidade. Aliás, como foi dito pouco antes, Lobinger propõe "equipes de presbíteros de comunidade" e não presbíteros sozinhos servindo as comunidades, o que não só reforça as considerações anteriores, mas, dependendo das dimensões e do grau de complexidade da comunidade, ensejaria um regime de trabalho pastoral até mais flexível, sem prejuízo da qualidade.

A comunidade e suas lideranças devem, na verdade, saber assumir sua própria vida e atividades independentemente da constante presença, acompanhamento, aprovação ou reprovação do presbítero. É bom lembrar que onipresença, onisciência e onipotência caminham de mãos dadas! Na prática, as necessidades da comunidade, as possibilidades concretas do presbítero e dos demais servidores devem se compatibilizar em vista de uma boa animação pastoral da comunidade.

2.9 Sustentação

Acredito que não se poderia adotar um regime único, universalmente válido. Nesta matéria, é preciso analisar cuidadosamente os vários contextos eclesiais e pessoais, a legislação canônica e a legislação civil.

Se se adotar o regime do voluntariado, será necessário cercá-lo de todas as formalidades que a lei exige, para não se cometer nenhuma injustiça, nem do lado da comunidade nem do lado do ministro. O exercício de uma profissão civil deveria, em princípio, garantir o sustento digno do ministro e da família. Mas há que se pensar que a vida dá muitas voltas, e que algumas delas colocam a pessoa diante de dificuldades, riscos e desafios que vão além de suas próprias forças e condições.

Havendo remuneração do ministro por parte da comunidade, a fonte deste financiamento deveria ser o dízimo – ou algo que o valha –, mas, de forma alguma, as espórtulas devidas à celebração dos sacramentos. São por demais conhecidos os inconvenientes e os abusos neste campo ocorridos no passado, quando não ainda no presente, para não se pensar num sistema verdadeiramente humano, justo, legal, transparente, que tenha em conta, em primeiro lugar, a dignidade da pessoa do ministro, a importância do seu ministério, a credibilidade da Igreja, os valores evangélicos.

2.10 Estado de vida

Os "presbíteros de comunidade" poderiam ser solteiros ou casados. Assim como na Igreja primitiva, hoje, num contexto de profundas transformações, que afetam também a maneira de ver e de viver a sexualidade, os "presbíteros de comunidade" deveriam ser tais que pudessem testemunhar os valores cristãos ou como casados ou como solteiros. A sociedade atual não precisa só de celibatários que testemunhem o celibato em seu significado cristológico, eclesiológico e escatológico;[43] precisa também de casais que sejam exemplo de vida conjugal; de famílias que sejam testemunhas de que é possível ser comunidade de vida e amor; de casais e famílias capazes de viver um amor oblativo, exclusivo, fiel; de famílias responsavelmente abertas à vida e irremovivelmente defensoras da vida humana, desde a concepção até a morte; de ambiente familiares em que as pessoas possam ser elas mesmas e crescer, em todas as dimensões, como pessoas; de famílias que sejam espaços acolhedores e respeitosos das diferenças que geralmente vêm acompanhadas de sofrimento para as próprias pessoas e suas famílias (preconceitos e conflitos por conta da diversidade sexual; deficiências físicas e mentais; doenças incuráveis...). Os "presbíteros de comunidade" não poderiam dar este testemunho em sua vida conjugal e familiar? (cf. 1Tm 3,1-7) Pensamos que a Igreja latina não se poderia recusar ao dom de presbíteros que vivessem evangelicamente seu ministério presbiteral na condição de maridos e pais de família. Algum presbítero de comunidade, naturalmente, poderá também ser celibatário, e, tratando-se de autêntico dom, ser respeitado, acolhido e valorizado como riqueza de inestimável valor para a própria pessoa e para os outros.

---

[43] Cf. Paulo VI, *Sacerdotalis coelibatus* 19-34.

CAPÍTULO V

Questões teológicas, pastorais e disciplinares específicas

A questão do celibato, da ordenação de mulheres e do papel dos ministros ordenados atuais merece uma última, ainda que breve, consideração.

1. A lei do celibato

Em relação ao celibato, é preciso distinguir com toda a clareza o carisma do celibato (que é um dom e uma opção pessoal) e a lei do celibato (cf. PO 16).[1] O carisma do celibato não está em discussão; o que pode ser discutido é a lei do celibato: a) trata-se de uma questão disciplinar, não teológica; b) ainda que a conveniência do celibato para os ministérios ordenados seja múltipla (cf. SacCoel 18), aspectos desta conveniência, em determinados circunstâncias, podem ser razoavelmente questionados;[2] aliás, não dá para entender – desculpem a expressão – que uma ou algumas disposições disciplinar(es) não intrín-

---

[1] "O nexo obrigatório, estabelecido pela Igreja latina, entre celibato e ordenação ao presbiterado e ao episcopado não se funda na Escritura. As prescrições das cartas pastorais, as únicas do Novo Testamento relativas às eleições dos diáconos, presbíteros e bispos, supõem claramente que os futuros ordenados são homens casados, dos quais se exige uma vida familiar irrepreensível (1Tm 3; Tt 1,5-9). Este nexo também não deriva da natureza do ministério ordenado, mas de uma decisão eclesial" (H.-M. Legrand, Ministerios de la Iglesia local, em: B. Lauret; F. Refoulé, *Iniciación a la práctica de la teología*, Tomo III, Madrid, Cristiandad, 1985, p. 241).

[2] Paulo VI tinha clara consciência dos questionamentos atuais, ao ponderar e descartar as objeções ao celibato e à lei do celibato: vocação ao ministério e vocação ao celibato são vocações distintas; o drama da preocupante escassez de clero; as sombras sobre a vivência do celibato; o conflito entre o celibato e o instinto sexual; a formação inadequada dos futuros padres para a vida celibatária etc. (cf. SCoel 5-11).

seca(s) ao ministério sacerdotal se sobrepunha(m) ao direito-dever dos fiéis de celebrar a Eucaristia, num evidente conflito entre um "direito de legislação" e o "direito da graça";[3] c) a Igreja poderia, para o Ocidente, seja acolher a praxe oriental onde convivem um clero celibatário e um clero casado (cf. PO 16; SC 15), seja abrir exceções, como já ocorre em alguns casos, ou conceder dispensas da lei geral.

A questão da ordenação de mulheres ao sacerdócio é diferente da questão do celibato. É um fato, não só no Brasil, que as mulheres assumem a maior parte dos serviços e ministérios nas paróquias e comunidades. É sabido também que a ordenação de mulheres é uma demanda que tem crescido, sobretudo em áreas culturalmente mais liberais: "As reivindicações dos legítimos direitos das mulheres, a partir da firme convicção de que homens e mulheres têm a mesma dignidade, colocam à Igreja questões profundas que a desafiam e não se podem iludir superficialmente" (EG 104). O Papa Francisco, porém, tem de-

---

[3] "A comparação entre a disciplina do Oriente e do Ocidente católicos mostra que a ordenação ao presbiterado é compatível com diferentes estados de vida (assim *Presbyterorum ordinis* faz o elogio dos padres casados), porque o celibato não se enquadra no direito sacramental nem no direito institucional no sentido em que foi definido [Dombois], mas no direito de legislação como o próprio decreto conciliar igualmente o diz (PO 16). *Uma delicada questão de ajustamento entre estes dois direitos seria colocada se prescrições relativas ao estado de vida dos padres (enquadradas, portanto, no direito de legislação) viesse a comprometer o direito sacramental. Estar-se-ia diante de uma situação deste gênero, parece-nos, se a deficiência do número de cristãos capazes de viver o celibato, desde que estando aptos à ordenação, viesse a privar a Igreja deste ou daquele país dos padres necessários aos quais os cristãos têm direito, sem que a* solidariedade *de outras Igrejas locais pudesse remediar os graves danos que daí resultariam para a vida cristã. Repetimo-lo: não se trata de colocar em causa a necessidade e os méritos de um direito de legislação, mas convém que seja sempre regulado pelo direito da graça.* Quando se abstém deste discernimento e o direito de legislação toma um lugar dominante, então racionalismo abstrato e legalismo arriscam prevalecer sobre a graça do Evangelho e sobre a sua liberdade" (H.-M. Legrand, Grâce et institution dans l'Église: les fondements théologiques du droit canonique, em: AA.VV., *Église: institution et foi*, Bruxelles, Facultés universitaires Saint-Louis, 1979, p. 166.

clarado que esta porta está fechada.[4] Portanto, na conjuntura atual, o sacerdócio continuará reservado aos seres humanos do sexo masculino; consequentemente, nenhum remédio à escassez de sacerdotes deve ser buscado na direção da eventualidade da ordenação das mulheres. Isto, contudo, não pode querer dizer que não se possam examinar os múltiplos argumentos alegados pelo magistério pontifício, especialmente o peso das "opções" hermenêuticas prévias que as fundamentam, seja em nível do estatuto da Tradição, seja em nível da argumentação bíblica, seja em nível teológico.[5]

2. Ouvir o santo povo fiel de Deus

Não se trata de uma reivindicação de democracia na Igreja nem de pautar as decisões eclesiais pelo critério da maioria. O que está em jogo é muito mais que isso: a condição cristã comum a todos os membros da Igreja, dada pelo Batismo, que confere a todos os fiéis uma dignidade única, uma participação na missão sacerdotal, régia e profética de Cristo e no sentido sobrenatural da fé de todo o povo de Deus.

A consciência deste estatuto ontológico do povo cristão se exprimiu, nos primeiros anos do cristianismo, entre outras coisas, numa participação ativa das comunidades em decisões importantes, como a decisão de dotar a parte helenista da Igreja de Jerusalém de uma estrutura ministerial própria ("os Sete") (At 6,1-6) e o envio de alguns profetas e doutores da Igreja de Antioquia para a evangelização dos gentios (At 13,1-3).

Nos dias atuais, em que se ressalta o *"sensus fidei"* e o *"sensus fidelium"*, em que o Papa Francisco insiste na prática da "sinodalidade", acreditamos que a questão que estamos expondo aqui deva chegar ao conhecimento de todo o povo fiel de Deus e ser debatida por todos, especialmente pelas comunidades que vivem uma situação de escassez relativa ou absoluta de presbíteros.

---

[4] Cf. Congregação para a Doutrina da Fé, Declaração sobre a questão da admissão das mulheres ao sacerdócio ministerial *Inter insigniores* (15 de outubro de 1976: DC 74 (1977), pp. 158-164; João Paulo II, *Ordinatio sacerdotalis* (22 de maio de 1994).

[5] Cf. Alphonse Borras, *Quand les prêtres viennent à manquer. Repères théologiques et canoniques en temps de précarité*, Paris-Montréal, Médiaspaul, 2017, pp. 189-193.

Não sendo profeta nem filho de profeta, arrisco-me a dizer que o tema aflorará seja no Sínodo sobre "Os jovens, a fé e o discernimento vocacional" (2018), seja no Sínodo para a Amazônia (2019), uma vez que, nestes dois espaços, as vocações ao ministério presbiteral nos moldes do modelo atual se fazem mais raras.

A hierarquia, evidentemente, pode falar sobre tudo sem ouvir ninguém. Mas, a despeito desta possibilidade doutrinalmente fundada, nem sempre convém fazê-lo, mormente quando se trata de situações e questões vividas em primeira pessoa pelos fiéis leigos e leigas: família, vida conjugal, procriação, educação dos filhos, vida profissional etc. A vida vivida é outra, a ótica e o horizonte muito distintos, as preocupações são muito diferentes, condicionando seja a abordagem, seja os resultados. No caso que nos ocupa aqui, a falta de presbíteros e de celebração da Eucaristia em muitas comunidades afeta de maneira muito diferente os bispos de uma conferência episcopal, o bispo local, o padre que só pode passar pela comunidade uma vez por ano, e os que insistem em ser católicos neste deserto pastoral e sacramental.

É preciso encontrar – e em breve – alguma solução para a situação das dezenas de milhares de comunidades sem celebração regular da Eucaristia, e esta solução precisa ser buscada por todos. "Esta mudança está sendo preparada? Em que vai consistir? Não seria conveniente informar a Igreja sobre o que se está fazendo para resolver esse problema? É uma questão que diz respeito a todos os crentes no Senhor Jesus. E todos deveriam ter a oportunidade de contribuir com o seu ponto de vista. Por que não se dá esse passo? O trabalho está sendo feito 'por baixo dos panos'? Por que está sendo escondido de nós o que seria bom dar a conhecer e oferecer a oportunidade do que pensa, quer, precisa e espera quem tem necessidade da solução?", provoca, com sua habitual clareza e coragem, o teólogo jesuíta espanhol José Maria Castillo.[6]

Temos que ouvir o povo, temos que aprender a ouvir o povo, temos que aprender com o povo, temos que elaborar com o povo as decisões pastorais (e outras), mesmo que, ao cabo, por direito, competir a nós – bispos e presbíteros – tomá-las.

---

[6]   José Maria Castillo, A mudança mais urgente na Igreja é a renovação do clero, Instituto Humanitas Unisinos – Adital, 3 de dezembro de 2017.

O sábio adágio antigo continua atual, não por ser antigo, mas por ser sábio: *"Quod omnes tangit ab omnibus tractari debet"* (o que afeta a todos deve ser trado por todos)!

3. Papel dos ministros ordenados atuais

Padres, bispos e papa são fundamentais neste processo. Leigos e leigas, porém, sobretudo os membros das comunidades e, mais particularmente, os que assumem nas comunidades responsabilidades específicas, como ministros não ordenados, deveriam ser mais ouvidos e valorizados, pois é do seu seio que sairiam os eventuais futuros ministros ordenados para as comunidades.

Os *padres atuais* não precisam temer a chegada dos padres comunitários; ao contrário: a) devem intensificar o processo de implementação e consolidação de comunidades de tamanho humano em suas áreas de atuação; b) fortalecer a presença de ministérios não ordenados nas comunidades; c) dar prioridades à formação das pessoas e dos grupos ativos nas comunidades, especialmente animadores de comunidades e coordenadores de serviços e pastorais; d) aprofundar a reforma litúrgica promovida pelo Concílio, visando à participação ativa, consciente e frutuosa, especialmente na Eucaristia, de modo que a Eucaristia seja, também experiencialmente, fonte e cume da vida cristã, da evangelização e da Igreja.

Os *bispos* têm uma responsabilidade única neste processo, uma vez que depende deles não só preparar suas Igrejas para que surjam vocações para padres comunitários, mas também, individualmente ou como conferência, pleitear a dispensa da norma do celibato em vista do bem das comunidades habitualmente privadas de Eucaristia por falta de padres. Lembramos que

> a dispensa, ou relaxação de uma lei meramente eclesiástica, *num caso particular*, pode ser concedida pelos que têm poder executivo, dentro dos limites de sua competência e também por aqueles aos quais compete, explícita ou implicitamente, o poder de dispensar pelo próprio direito ou por legítima delegação (cân. 85).

Lembramos ainda que "o bispo diocesano, sempre que julgar que isso possa concorrer *para o bem espiritual dos fiéis*, pode dispensá-los das leis disciplinares, universais ou particulares, dadas pela suprema autoridade da Igreja para o seu território ou para seus súditos" (cân. 87). Lembramos finalmente que não se deve dispensar de lei eclesiástica "sem causa justa e razoável, levando-se em conta as circunstâncias do caso e a gravidade da lei da qual se dispensa" (cân. 90, §1º), e, claro, a urgente necessidade (*urgens necesitas*) e a evidente utilidade (*evidens utilitas*), à luz do cân. 1025, §2º. Concretamente, tratar-se-ia de obter que

a Sé apostólica de *Roma* conceda às Conferências episcopais o poder de dispensar do impedimento do cânon 1042, §1º, relativo aos homens casados, *viri uxorem habentes*. Note-se, neste caso, que se trata de um "impedimento simples", e não de uma "irregularidade". Note-se igualmente que o poder de dispensa atual da Santa Sé é, a rigor, uma *reservatio* (ver c. 1047, §2º, 3º). Em outras palavras, isto significa com toda a probabilidade que, por sua própria natureza, a dispensa cabe aos ordinários. Sem atribuir, contudo, este poder a cada bispo diocesano, poder-se-ia alargar esta *reservatio* às Conferências episcopais, que poderiam judiciosamente e oportunamente conceder esta dispensa a pedido dos bispos diocesanos às voltas com uma falta grave de padres.[7]

Conclusão

Evidentemente, a proposta apresentada não tem a pretensão de resolver o desafio da escassez de padres que está afetando provavelmente centenas de milhares de comunidades católicas em todo o mundo. Mas, em nossa modesta convicção, a Igreja deve dar este passo sem mais tardar, a partir das mesmas comunidades e encontrando pessoas aptas a assumir o ministério presbiteral dentro das mesmas comunidades, já enriquecidas por incontáveis carismas do Espírito e por uma multidão de servidores e ministros leigos. Não para "ocupar" "*manu clericali*" todos os territórios, mas para "habitar", em plenitude eclesial, o espaço que lhes cabe pelo "direito da graça" nestas comunidades, uma vez que, nelas, "embora muitas vezes pequenas e pobres, ou vi-

---

[7] Alphonse Borras, *Quand les prêtres viennent à manquer. Repères théologiques et canoniques en temps de précarité*, Paris-Montréal, Médiaspaul, 2017, p. 184.

vendo na dispersão, está presente Cristo, por cuja virtude se consocia a Igreja una, santa, católica e apostólica" (LG 26).

Creio que se pode pensar em relação a todas as Igrejas (inclusive a católica) que, diferentemente das Igrejas étnicas (*Volkskirche*) do passado, nestas comunidades fraternas do futuro os cargos ministeriais da Igreja serão sustentados muitas vezes – não sempre nem em cada caso – por pessoas que os assumam já em idade madura, e que surjam por si mesmas do seio destas comunidades integradas. E por que não? Será que todo pregador do Evangelho, todo ministro dos sacramentos, todo presidente da celebração eucarística há de ser forçosamente um "teólogo especialista", com estudos acadêmicos cursados durante sua juventude e que, ao estilo dos funcionários estatais, detenha um cargo de carreira, seja promovido, avance na escala funcional etc.? Por que uma destas comunidades fraternas – sem prejuízo da missão e ordenação (sacramental) realizada pela totalidade da Igreja – não haveria de escolher, dentre seus "anciãos", um ancião que, contando com a formação e experiência que *aqui* se necessitam, e com o conhecimento experimentado *desta* comunidade (requisitos, todos eles, que não se podem adquirir meramente através da formação acadêmica de um ministro eclesiástico profissional), servisse a esta comunidade determinada como "presbítero" seu, de modo que (digamo-lo de passagem) o carismático e o institucional encontrassem na Igreja uma mais clara unidade? Em nenhum lugar existe uma constituição eclesiástica que seja imposta por critérios de fé e exclua "*a limine*" algo deste estilo. Certamente não temos que desprezar o estudo teológico desenvolvido academicamente, e inclusive para não poucos ministros da Igreja futura será imprescindível. Porém não creio que, no futuro, o modelo do "funcionário estatal" academicamente formado siga a todo custo determinando o que deve ser a forma concreta do presbítero da comunidade. No futuro, ao contrário, a falta de sacerdotes (párocos) será muito grande, o significado da personalidade "carismaticamente" religiosa muito importante, e a possibilidade de instituir "ministerialmente" para novas tarefas pessoas maduras, ainda sadias e vigorosas, depois de aposentadas de sua profissão profana, será também muito evidente. (Notemos, de passagem, que, a partir desta base, a questão do celibato do clero na Igreja católica futura poderá recolocar-se de um modo totalmente diferente de como foi até agora). Tentativas neste sentido há em vários lugares. Porém, pouco a pouco, deveriam ir se desenvolvendo com mais coragem, e não como exceções ou casos individuais, mas voltados para um novo tipo normal de "presbítero" da

Igreja, fundamentalmente equiparado em seus direitos aos da atualidade. Neste ponto, as Igrejas evangélicas, com seus princípios do sacerdócio universal, poderiam encontrar mais fácil e rapidamente uma série de caminhos práticos, que logo seria possível torná-los também usuais dentro da Igreja católica. A restauração do diaconato, que a Igreja latina busca, também não pode ser erroneamente interpretada no sentido de umas medidas de urgência diante da carência de sacerdotes.[8]

---

[8]   K. Rahner, El futuro de la Iglesia y la teología, em: K. Rahner; B. Häring, *Palabra en el mundo. Estudios sobre la teología de la predicación*, Salamanca, Sígueme, 1972 [1968], p. 335.

ANEXOS

ANEXO I

Dom Pedro Paulo Koop, bispo de Lins, São Paulo[1]

"Veneráveis padres, logo de início vos declaro qual o tema desta minha intervenção: para salvação da Igreja em nossas regiões latino-americanas deve ser introduzido entre nós, e quanto antes, um clero recrutado e formado de excelentes homens casados, mantida firme, porém, a vigente lei do celibato.

Os fatos, estatisticamente comprovados, revelam que a Igreja católica retrocede progressivamente no mundo em geral e na América Latina em particular, ante o desmedido crescimento demográfico e o avanço acelerado do ateísmo, das seitas e grandes religiões acatólicas.

Nos últimos 250 anos a Igreja, relativamente ao crescimento demográfico, retrocedeu numericamente de 30% para 20%. A continuar neste compasso, ela, nos próximos 200 anos, retrocederá para 10% apenas.

Na América Latina *anualmente* 1.000.000 (um milhão) de almas a Igreja perde. No Brasil, *diariamente* 1.000 (um mil) pessoas a abandonam. Nos outros continentes, África por exemplo, a Igreja deixa de converter milhões de naturais que outras religiões conquistam para si e, de certo, para sempre. A causa máxima destes fatos está na ausência de um número suficiente de sacerdotes e de vocações para o sacerdócio

---

[1] Dom Pedro entregou, como de praxe, o texto abaixo ao secretariado do Concílio e, contemporaneamente, a muitos outros padres conciliares, em busca de apoio. Os moderadores o orientaram a não fazer sua intervenção oralmente na Aula Conciliar. No dia 12 de outubro de 1965 – coincidentemente, o mesmo dia em que o jornal *Le Monde* publicou, para surpresa de Dom Pedro, uma tradução em francês do texto latino –, o Papa Paulo VI enviou uma carta ao Cardeal Tisserant retirando a discussão do tema da agenda conciliar (cf. J. O. Beozzo, *A Igreja do Brasil no Concílio Vaticano II. 1962-1965*, São Paulo, Paulinas, 2005, p. 266).

celibatário, a qual falta agrava-se de dia para dia, considerado o surto demográfico.

América Latina perfaz 33% da Igreja Universal e, no entanto, não chega a dispor de mais de 6% dos sacerdotes do mundo. Decorridos, porém, trinta e poucos anos, a saber no ano 2000, América Latina contará 600.000.000 (seiscentos milhões) de habitantes, quando perfará, então, metade da Igreja católica, carecendo, no mínimo, de 120.000 (cento e vinte mil) sacerdotes para que cada 5.000 (cinco mil) fiéis tenham seu pastor, sem considerar ainda as superfícies enormes que habitam.

A nova disciplina do diaconato certamente diminuiu, mas não resolve a gravidade da situação. Por razões eminentemente pastorais, para salvar a fé dessas multidões, para ministrar-lhes os sacramentos da Penitência e da Eucaristia, e para ungi-los quando gravemente doentes, como também para celebrar a Liturgia da Palavra de Deus e, de modo especial, para celebrar o Sacrifício Eucarístico como Culto comunitário a Deus, necessitamos urgentemente de sacerdotes! Somente o Sacrifício Eucarístico como Ceia comunitária é capaz de congregar, educar, nutrir, promover e desenvolver as comunidades do povo de Deus, menores principalmente, que são de base, entre os habitantes das regiões rurais e das densas concentrações humanas nas grandes cidades que, todos, por falta de sacerdotes, espiritualmente perecem e caem vítimas da indiferença, das seitas e das superstições. É necessário, portanto, e urgentemente necessário, centuplicar o número de sacerdotes, já em nossos dias, quanto mais, no próximo futuro, para levar a Igreja aos homens, encontrá-los em suas casas, já que são poucos os templos e a grande maioria, por falta de sacerdotes e templos, não mais consegue encontrar nem o Cristo nem a sua Igreja.

No Brasil, atualmente com 80.000.000 (oitenta milhões) de habitantes, 60.000.000 (sessenta milhões) de batizados não são adequadamente atingidos pela Igreja por falta de sacerdotes, *social e comunitariamente a eles unidos*. E como será a situação no ano 2000 (uma geração humana apenas!), quando o Brasil terá crescido para 200.000.000 (duzentos milhões) de habitantes?

Lembrem-se os padres de que, *por mandado divino*, a Igreja tem o estrito dever de evangelizar e santificar! O povo de Deus tem o estrito direito de receber a pregação evangélica e de levar uma vida sacramental. É um verdadeiro direito por Deus dado, que lei humana alguma pode cassar ou frustrar, e que a Igreja, de justiça, deve respeitar!

Veneráveis padres e zelosíssimos pastores! Premido pelo mandado divino, para conservação e propagação da fé, vos proponho que o presente Concílio abra a possibilidade de conferir a Ordem Sagrada do Presbiterado a leigos aptos, casados há cinco anos pelo menos. Preparados para o sacerdócio durante um certo período não por demais longo, e uma vez ordenados, exerçam o ministério sacerdotal, a título supletivo e auxiliar, em regime de tempo livre disponível, presidindo ao menos às comunidades menores ou de base. Esta solução é a mesma vigente desde os primórdios até hoje nas Igrejas orientais, onde há casados-sacerdotes, de excelente mérito e verdadeiramente apostólicos!

Os sacerdotes, tomados de entre os homens casados, conservarão seu estado conjugal, familiar e econômico-social, o qual, sem dúvida, conferirá ao seu ministério sacerdotal enorme força difusiva e convincente.

Dependendo plenamente do bispo, exercerão seu ministério sacerdotal nas assembleias comunitárias menores ou de base, em regime de livre compromisso e de tempos livres, na base do puro zelo apostólico.

Nada se modifique na ordem existente. Introduza-se apenas um instrumento pastoral a mais, capaz de sanar radicalmente a nossa aflitiva condição religiosa, para hoje e para o futuro próximo.

Não se iludam os bispos! A sorte da Igreja latino-americana está em jogo! É urgente a opção: ou multiplicar já o número de sacerdotes tomados de entre solteiros e casados, ou assistir ao triste ocaso da Igreja na América Latina! Proponho, portanto, aos padres conciliares que, no Decreto sobre o Ministério e a Vida dos Sacerdotes, ao número 14 (hoje 16) acrescente-se a frase seguinte: 'Tendo em conta que o número de sacerdotes, em regiões extensas da Igreja, é de todo insuficiente e tende a diminuir gradativamente, em virtude do desproporcionado aumento demográfico, este Sacrossanto Sínodo, considerando o bem de grande multidão de almas a serem salvas por força do mandado divino, estabelece: competirá às Conferências episcopais territoriais, de maior ou menor âmbito, decidir, com a aprovação do Sumo Pontífice, se é oportuno e onde, para o bem das almas, possa ser conferido, com o consentimento do romano Pontífice, o presbiterado a homens de idade madura, que vivem, há pelo menos cinco anos, no estado matrimonial, segundo as normas traçadas pelo Apóstolo São Paulo nas Cartas a Tito e Timóteo'. Tenho dito."[2]

---

[2] *Revista Vozes de Cultura*, 60 (1966), pp. 909-911.

Anexo II

Dom Francisco Austregésilo de Mesquita Filho, bispo de Afogados da Ingazeira, PE[1]

"Veneráveis padres, o esquema *De ministerio et vita presbyterorum*' é melhor do que aquele proposto à nossa discussão o ano passado; de fato, aqui se mostra melhor o nexo com a Constituição dogmática *Lumen gentium* e é mais ampla e aprofundada a sua reformulação teológica. Em geral, portanto, *placet*, embora possa ser aperfeiçoado ulteriormente. Em particular, o número 14 '*de consiliis evangelicis in vita presbyteri*' é absolutamente louvável quando exalta a excelência do celibato sacerdotal, enquanto 'sinal e, ao mesmo tempo, estímulo da caridade pastoral, bem como fonte especial de fecundidade espiritual no mundo'. Realmente, entre as glórias da Igreja, o celibato resplandece com tal brilho que todos nós reunidos neste Sacrossanto Concílio não podemos fazer outra coisa que apontar cada vez mais sua excelência e valor. Garantida, pois, a excelência do sagrado celibato, queremos também louvar a precisão e a clareza da doutrina do esquema quando afirma que o celibato, 'embora não exigido pela natureza mesma do sacerdócio, como resulta da praxe das Igrejas orientais, nas quais há também excelentes presbíteros casados, ele é, no entanto, sob muitos aspectos, conveniente ao sacerdócio'. Na verdade, há duas coisas distintas: isto é, o sacerdócio e o celibato. Consequentemente existem também duas distintas vocações. Claro que uma pode ser ajudada pela outra, mas não necessariamente e nem sempre ambas se encontram no mesmo sujeito. Há de fato aqueles que têm a vocação ao celibato, mas de modo algum

---

[1] O texto abaixo foi também depositado na Secretaria do Concílio, com data de 10 de outubro de 1965, mas também não pôde ser apresentado oralmente na Aula Conciliar (cf. J. O. Beozzo, *A Igreja do Brasil no Concílio Vaticano II*, cit., p. 267-268).

se sentem chamados ao sacerdócio. Assim, por exemplo, não são poucos aqueles religiosos que não recebem a sagrada ordem presbiteral, bem como todos aqueles leigos que, mesmo vivendo no mundo, com um coração magnânimo se dedicam completamente a Deus. Da mesma forma e pelo mesmo motivo, há aqueles que, chamados ao sacerdócio, não têm, porém, a vocação ao celibato, como no caso dos presbíteros orientais casados, cujos méritos são de fato considerados excelentes pelo nosso esquema. Além disso, entre esses há que se enumerar também aqueles sacerdotes que, mesmo exercendo o sagrado ministério com alegria e generosidade de espírito, só a duras penas ou de maneira alguma são capazes de suportar o peso do celibato, porque a isso não foram nem se sentem realmente chamados. Para esses, o celibato, mais do que 'sinal e estímulo da caridade' (infelizmente!), é sinal e estímulo do pecado e, mais do que 'uma fonte especial de fecundidade espiritual no mundo' (é doloroso dizê-lo!), torna-se fonte especial de escândalo na Igreja. Isto se confirma pela profunda pena de muitos sacerdotes, homens verdadeiramente piedosos e animados pelo ardor apostólico, que durante muitos anos prestaram à Igreja de Deus excelentes serviços, mas que abandonaram o exercício do sacerdócio, não sem escândalo de toda a comunidade e perigo de condenação para si mesmos, precisamente porque não tinham a vocação ao celibato. Fatos deste tipo, acreditamos, ocorrem em todas as regiões. Basta abrir os olhos e ver. Para não mencionar aqui o imenso número de seminaristas que deixam o seminário precisamente porque não têm a vocação ao celibato. Por estas razões, veneráveis padres, considerando atentamente a questão perante Deus, peço-lhes prestar sua benevolente atenção e seu zelo pastoral sobre as duas seguintes questões:

Primeiro – Sejam liberados de todas as obrigações assumidas na ordenação os sacerdotes que, apesar da solicitude pastoral de seus bispos, se sentirem incapazes de observar as exigências da lei do ce libato. Não os obriguemos, eu lhes peço, pela nossa incompreensão e indiferença, primeiro, a ofender a Deus com o pecado do escândalo, para que possam livrar-se dos pesos que os oprimem. Uma vez que a lei do celibato é uma lei eclesiástica e disciplinar, que ela seja equiparada pela autoridade eclesiástica competente ao voto religioso e, em caso de necessidade, seja dissolvida sem dificuldade, e disso, com a devida prudência, todo o povo de Deus seja conscientizado. E, assim fazendo, não temamos diminuir o valor do testemunho do sagrado celibato, perante os fiéis. Absolutamente! Quanto mais a nossa consagração total por amor ao Reino dos céus, *de iure et de facto*, for livre e liberada da coação de qualquer lei canônica, mais eficaz será certamente a força do testemunho do celibato diante dos fiéis e do mundo. Por outro lado, isso deverá ser realmente considerado para não poucos seminaristas uma ajuda da consagração perpétua, na qual possam entrar com o coração tranquilo e sem demasiada ansiedade. E mesmo quando por essa nova disposição, não poucos de nossos seminaristas quisessem retornar ao estado laical, perguntemo-nos: não é melhor para eles e para a Igreja que levem uma vida honesta no mundo, ao invés de permanecer no ministério levando uma existência verdadeiramente miserável e arrastada entre tais e tantos pecados? Além disso, veneráveis padres, se diante dos olhos temos vários exemplos de congregações religiosas (por exemplo, os maristas e os lassallistas) onde o índice de perseverança aumentou cada vez mais depois que a dispensa dos votos ficou mais fácil, não há motivo para temer que o número de quem quer consagrar-se totalmente venha a diminuir necessariamente.

Segundo – Veneráveis padres, humildemente nós lhes imploramos também que, tendo em mente as necessidades concretas daquelas regiões, onde abunda uma multidão de batizados completamente desprovidos de autêntica evangelização, seja por negligência ou falta de clero (trago apenas o exemplo da minha diocese, na qual há apenas 8 sacerdotes para mais de 250.000 habitantes), o nosso Concílio, que, antes de tudo, é pastoral, examine cuidadosamente o mandado do Senhor: "Ide por todo o mundo, pregai o Evangelho a toda criatura" (Mc 16,15). Considerado diligentemente o mandato divino, portanto, veneráveis padres, prestemos uma cuidadosa atenção pastoral a isto, para que, quanto antes, formemos diáconos animados por um espírito verdadeiramente apostólico e encarreguemos-lhes com plena confiança o ofício da evangelização a serviço da Igreja. Mas – e ouso dizer isso também – pelo zelo devido à uma tradição venerável e altamente louvável, que é, no entanto, um conselho divino, não fechemos o caminho à possibilidade de discutir ulteriormente – se o bem da evangelização, que é preceito[2] de Deus, o pedisse – se vai ser oportuno ou não conferir a ordem sagrada do presbitério também aos diáconos casados, que, já suficientemente provados pela atividade do ministério fecundo, fossem considerados por todos como verdadeiramente idôneos. O Sumo Pontífice julgará a oportunidade e o modo de discutir sobre isso. Mas a nós não nos é permitido, de modo algum, excluir *a priori* a possibilidade desta solução, sem dúvida porque não é possível aqui julgar definitivamente as necessidades pastorais do povo de Deus que ainda não conhecemos o bastante e talvez nem possamos conhecer. Disso, veneráveis padres, ocupemo-nos diligentemente a fim de que aquelas palavras de Cristo, verdadeiramente tremendas, 'por que transgredis o mandamento de Deus em nome de vossa tradição?', não devam jamais nos ser imputadas. Tenho dito. Obrigado."[3]

---

[2] Note-se a diferença imensa entre um simples "conselho" e um "preceito" ou mandato divino. (N.T.)

[3] Tradução do texto em latim mandada ao autor por e-mail.

Anexo III

O celibato dos presbíteros e dos bispos
Uma análise com interesse pastoral

Pe. Dr. Antônio José de Almeida, Santa Fé, PR

Por mais que se queira evitar a discussão e dissimular a problemática, a questão do celibato continua a agitar as águas do mais amplo tema da vida e ministério dos presbíteros. A preparação do 2º Encontro Nacional de Presbíteros [1987], sua realização e desdobramento estão aí a demonstrá-lo sobejamente.

De um lado, critica-se o clima emocional em que o assunto é debatido; do outro lado, denuncia-se a insensibilidade com que a instituição se tem negado sistematicamente a entabular uma discussão franca, serena e objetiva sobre o problema.

Muitas vezes, observa-se a falta de alguns elementos minimamente essenciais para uma adequada colocação dos termos da questão, o que, evidentemente, prejudica seu posterior encaminhamento e desfecho.

No presente trabalho – mais um roteiro que uma análise completa e acabada – tentou-se colocar o "mínimo do mínimo" sobre a questão do celibato, em seus aspectos bíblicos, históricos, teológicos e pastorais, de modo que a discussão possa arrancar de bases seguras e não de falsos problemas.

Como muito bem lembrou um destacado expoente do episcopado brasileiro em Itaici, durante a 27ª Assembleia Geral da CNBB, o que está em discussão não é o celibato, mas a lei do celibato. É isto que deve ficar claro desde o início, para que a reflexão possa tomar a estrada certa.

Por sua vez, o que deve mover o debate e mover-nos ao debate não é qualquer interesse pessoal, por mais nobre e legítimo que seja, mas o bem da Igreja e, mais ainda, as exigências e as urgências do Reino de Deus.

A coragem de encarar séria e serenamente a questão constitui--se, de um lado, em um teste "interno" de credibilidade para a Igreja, que, em seu discurso "externo", tem exercido, com rara pertinácia, seu múnus profético em defesa da dignidade, da liberdade e da solidariedade e, do outro lado, em uma nova ocasião de a Igreja testemunhar sua fé naquele que, Pastor eterno, conduz indefectivelmente seu rebanho na luz e na força do Espírito.

I. Lei do celibato: entre o carisma e a crise

"A continência perfeita e perpétua por causa do Reino dos céus, recomendada por Cristo Senhor (cf. Mt 19,12), generosamente aceita e louvavelmente observada por não poucos fiéis, foi sempre tida em grande estima pela Igreja, especialmente na vida dos sacerdotes. É na verdade sinal e estímulo da caridade pastoral e fonte singular de fecundidade espiritual no mundo (cf. LG 42). De si não é exigida pela própria natureza do sacerdócio, como se deixa ver pela prática da Igreja primitiva (cf. 1Tm 3,2-5; Tt 1,6) e a tradição das Igrejas orientais, onde, além daqueles que, com todos os bispos, escolhem, pelo dom da graça, a observância do celibato, existem meritíssimos sacerdotes casados. Recomendando o celibato eclesiástico, este sagrado Concílio de forma nenhuma deseja mudar a disciplina contrária, legitimamente vigente nas Igrejas orientais, e exorta amorosamente a todos os que receberam o presbiterado já no matrimônio, a que, perseverando na sua santa vocação, continuem a dispensar generosa e plenamente a sua vida pelo rebanho que lhes foi confiado" (PO, 16, §1º).

"A importante questão do celibato do clero na Igreja foi-se apresentando demoradamente ao nosso espírito em toda a sua amplitude e gravidade. Deve ainda hoje subsistir essa severa e transcendente obrigação para aqueles que desejam receber as sacras ordens maiores? Será hoje possível e conveniente a observância de tal obrigação? Não terá chegado o momento de quebrar o vínculo que, na Igreja, une celibato e sacerdócio? Não poderia tornar-se facultativa esta difícil observância? Não ficaria assim favorecido o ministério sacerdotal e facilitada a aproximação ecumênica? Se a lei áurea do celibato consagrado deve ainda se manter, quais são os motivos que aprovam que ela é santa e conveniente? Quais são os meios que tornam possível essa observância, e como se pode ela transformar-se de peso em auxílio, para a vida sacerdotal?" (Paulo VI, *Sacerdotalis coelibatus* 3).

"A Igreja Latina quis e continua a querer, referindo-se ao exemplo do próprio Cristo Senhor, ao ensinamento apostólico e a toda a tradição que lhe é própria, que todos aqueles que recebem o sacramento da Ordem abracem esta renúncia por amor ao Reino dos Céus. Esta tradição, no entanto, anda unida ao respeito para com tradições diferentes de outras Igrejas. Ela constitui, de fato, uma característica, uma peculiaridade e uma herança da Igreja católica latina à qual esta deve muito e na qual *está decidida a perseverar,* não obstante todas as dificuldades a que uma tal fidelidade poderia estar exposta, e malgrado os vários sintomas de fraqueza e de crise de sacerdotes individualmente" (João Paulo II, Carta do Papa João Paulo II a Todos os Sacerdotes da Igreja por Ocasião da Quinta-feira Santa, 1979).

II. Novo Testamento: sob o vigor do Reino e a liberdade do Espírito

1. O único texto que, nos Evangelhos, alude ao celibato (Mt 19,10-12) não o relaciona com o ministério. Faz parte de uma sequência catequética dirigida à totalidade da comunidade dos discípulos no contexto do anúncio da Paixão: o comportamento dos discípulos em relação ao matrimônio, aos filhos e às riquezas coloca-se sob o signo da cruz. Tanto a palavra clara de Jesus sobre a fidelidade perfeita dos esposos quanto a palavra misteriosa sabre os "eunucos" voluntários pelo Reino dos Céus são compreensíveis somente por aqueles a quem Deus concede (cf. Mt 19,11-12).

De fato, existem discípulos que se deixaram cativar tão profundamente pelo valor incomparável do Reino (cf. Mt 13,44-46) que o matrimônio perde a sua força de irresistível sedução e fazem-se "eunucos" por causa do Reino.[1] O celibato torna-se, então, um sinal particularmente intenso do domínio do Reino sobre alguém, provocando uma atitude desconcertante diante dos valores mais sagrados da vida. Estes discípulos, de alguma forma, antecipam no mundo presente o mundo futuro da ressurreição, onde as mediações históricas do amor e da vida serão superadas pela imediatez da própria realidade do amor e da vida (cf. Mt 22,30). Na verdade, tais discípulos vivem o celibato não como meio para a missão, mas como um sinal do Reino ao qual pertencem.

Esta decisão, porém, supera as capacidades humanas. Segundo as palavras de Jesus, trata-se de algo (*lógos, dabar, debirah* = palavra e coisa) que nem todos são capazes de "conter em si",[2] mas só aqueles a quem "foi concedido" (*dédotai*) (cf. Mt 19,11). A voz passiva exprime uma ação de Deus ("passivo divino"). A capacidade de assumir o celibato é, por conseguinte, um dom especial de Deus. Mais precisamente, trata-se de um dom *concedido* gratuitamente (o verbo está no perfeito) e não mediante a oração na fé, como é o caso da sabedoria em Tg 1,5 (o verbo está no futuro). Com efeito, Jesus não exorta, em Mt 19,12, a pedir o dom do celibato, mas a abraçá-lo, tendo previamente a capacidade para tanto (*"ho dynámenos choreîn choreíto"*!) (Mt 19,12).

Este texto lança uma luz sobre a própria situação de Jesus, que se consagrou inteiramente ao serviço do Reino, à realização da missão que recebera do Pai. O dom total de si ao serviço do Reino justifica a sua situação de "eunuco" voluntário. Este é o segredo do celibato de Jesus e, em vista do serviço do Evangelho do Reino, das renúncias dos discípulos (cf. Mt 19,29: Mc 10,29; Lc 18,28-30).[3] Estas renúncias só têm

---

[1] Cf. J. Blinzler, Eisin eunouchoi. Zur Auslegung von Mt 19,12, *Zeitschrift für die neutestamentliche Wissenschaft* 48 (1957), pp. 254-270.

[2] *"Chooreîn"* ("receber"), ao contrário da interpretação defendida habitualmente, não significa "compreender" – pois isto seria expresso no Novo Testamento por *"gnoonai"*, *"syniénai"*, *"noeîn"*, como em Mt 13,11, onde é dado aos discípulos o "conhecimento" dos mistérios do Reino de Deus –, mas quer dizer: "comportar, conter em si" (cf. H.-J. Vogels, O direito da comunidade a um padre em conflito com o dever do celibato, *Concilium* 153 [1980/3], p. 382).

[3] Segundo Marcos e Mateus, eles deixam "casas, irmãos, irmãs, pai, mãe, filhos ou campos"; Lucas precisa: eles deixam "casa, mulher, irmãos, pais ou filhos". "(...) Jesus não se pertencia mais. Vivia devorado, aspirado por sua missão. Não tinha mais vida priva-

sentido na perspectiva da paixão pelo Reino: a conduta adotada só se explica e se justifica pelo engajamento ativo numa vocação que reserva o homem ao anúncio do Evangelho, com a totalidade de suas energias físicas e afetivas, no seguimento de Jesus e a seu exemplo.[4]

2. Da mesma posição é Paulo, ele pessoalmente não casado:[5] "quisera que todos os homens fossem como eu, mas cada um tem (*échei*) de Deus o seu próprio dom (*chárisma*); um, deste modo; outro, daquele modo" (1Cor 7,7). Mas aqui também, como em Mt 19,10-12, a reflexão não se refere especialmente aos ministros, mas a toda a comunidade, a todos os seus membros.

3. Com efeito, na sequência de 1Cor 7,1-40, Paulo considera estados de vida (pessoas casadas, pessoas não casadas, rapazes e moças, noivos que ainda não coabitam, viúvas), não funções; às vezes, trata-se de celibato propriamente dito; às vezes, apenas de vida extramatrimonial.[6]

---

da. A sua vida era a sua missão" (J. Comblin, *Jesus de Nazaré. Meditações sobre a vida e ação humana de Jesus*, 2. ed., Petrópolis, Vozes, 1972, p. 27).

[4] Cf. P. Grelot, *Église et ministères. Pour un dialogue critique avec Edward Schillebeeckx*, Paris, Cerf, 1983, p.167-171.

[5] A situação pessoal de Paulo é objeto de uma discussão exegética ainda não concluída. O apelo a Fl 4,3, para mostrar que ele tinha uma esposa durante seu ministério apostólico (Clemente de Alexandria), repousa sobre um contrassenso ("*sysigos*" é masculino); a hipótese de um celibato original choca-se com a praxe judaica de os futuros doutores se casarem muito cedo para prevenir as dificuldades de sua vida sexual, e Paulo fora instruído aos pés de Gamaliel (cf. At 22,3) e logo encarregado de missões contra os cristãos de Damasco (cf. At 9,1-2; Gl 1,12-17; 1Cor 15,9), o que não se confiaria a uma pessoa jovem demais; a hipótese de viuvez (sustentada por J. Jeremias) não tem apoio algum nos textos de suas cartas, ainda que 1Cor 7,8 nomeie conjuntamente "*ágamoi*" (não casados) e viúvos para dizer que Paulo gostaria de vê-los continuar como ele (não casado ou viúvo?); teria ele sido abandonado por sua esposa depois da conversão, como os cristãos/cristãs a quem orienta em 1Cor 7,12-16 (hipótese defendida por Ph. M. Menoud e seguida por X. Léon-Dufour e C. Perrot)? Seja como for, Paulo continuou "não casado" (1Cor 7,8), e não usou a liberdade, reconhecida aos outros apóstolos, aos "irmãos do Senhor" e a Cefas, de levar consigo uma "mulher-irmã" em suas viagens apostólicas (cf. P. Grelot, *Église et ministères*, cit., p. 166).

[6] Os "*parthenoi*" de 1Cor 7,25 são jovens de ambos os sexos que ainda não contraíram matrimônio; os "*ágamoi*" de 1Cor 7,8.11.32.34 não são apenas os célibes, mas todos os que vivem "fora do matrimônio" (viúvos, esposos separados que não

O princípio que norteia as respostas de Paulo à consulta dos coríntios é a permanência no estado de vida em que a fé os encontrou (1Cor 7,17-24): a fé não exige a mudança de condição civil ou do modo de vida familiar. O horizonte é claramente escatológico (1Cor 7,29-31): "se se toma consciência do que está em jogo na história, que já se encontra sob o signo da ressurreição de Cristo, tanto o celibato quanto a vida matrimonial em que alguém se encontra sem tê-la escolhido necessariamente parecem vantajosos, quer se trate de superar as provas da crise escatológica que se vislumbram no horizonte (1Cor 7,25-28; cf. Lc 12,5-53), quer se trate de se conservar livres e abertos para o mundo novo que já está próximo em Cristo ressuscitado (1Cor 7,29), quer, finalmente – e este é o principal motivo aduzido por Paulo –, de expressar esta liberdade de 'entregar-se ao Senhor e às suas coisas', evitando toda distração deste centro único de interesse. A vantagem, porém, do celibato, da vida extramatrimonial, inclusive da continência temporária dos casados (1Cor 7,5), não constitui nunca uma obrigação. O celibato, em particular, só é vantajoso *com* liberdade e *para* a liberdade. Não é imposto de fora por qualquer instância, mas acolhido como um dom (1Cor 7,6.7,9.25.36.38.39)".[7]

Aliás, Paulo não ignora que também o matrimônio é um dom (cf. 1Cor 7,7) e um caminho para Deus, como escola de atenção recíproca (7,3-5), como espaço de partilha da fé (7,12-16), como estado de vida portador de um chamado de Deus (7,17), como "*symbolon*" da união de Cristo e a Igreja (cf. Ef 5,21-23). Se o casado está "dividido" (cf. 1Cor 7,33.34b), não o está no sentido de uma infidelidade religiosa, mas apenas de uma divisão de centros de interesses imediatos, enquanto o não casado pode teoricamente consagrar toda a sua existência e toda a sua atenção diretamente (isto é, sem a mediação conjugal, não, evidentemente, sem nenhuma outra mediação humana) "às coisas do Senhor" (cf. 1Cor 7,32.34a).

---

contraíram novas núpcias, os convertidos a quem a fé separou de seu cônjuge ["privilégio paulino"], provavelmente também os célibes) (cf. P. Bony, Ministerios, matrimonio y celibato, em J. Delorme [ed.], *El ministerio y los ministerios según el Nuevo Testamento*, Madrid, Cristiandad, 1975, p. 458).

[7] Ibidem, p. 460.

Sem dúvida, quando Paulo fala da preocupação com as coisas do Senhor (7,32), não exclui o ministério ou a missão. A própria expressão "agradar ao Senhor" não poderia, na linguagem bíblica, fazer abstração de algum compromisso em seu serviço. Ainda, porém, que "as coisas do Senhor" estejam muito relacionadas com as preocupações da missão (cf. Fl 2,19-21; 2Cor 1,28), não são necessariamente idênticas. Neste sentido, 1Cor 7,32-35 tem um alcance muito amplo e funda uma maneira de expressar a vida cristã como tal, com ou sem ministério.

A posição de Paulo em relação ao celibato é, aliás, coerente com sua doutrina dos carismas (cf. 1Cor 12,1-11): "cada um ("*ékastos*") tem ("*échei*" = presente de situação) seu próprio dom" (1Cor 7,7). Entre os muitos dons que o Espírito distribui "conforme lhe apraz" e para "utilidade comum" (cf. 1Cor 12,7), está o carisma do celibato. Ao indivíduo cabe reconhecê-lo e acolhê-lo, colocando-o – e mais ainda, colocando-se – a serviço. Ainda que Paulo aconselhe às pessoas não casadas, viúvas (7,8) e virgens (7,25) a permanecerem como estão, a ninguém pensa impor o celibato nem exorta a que se peça tal dom por meio da oração. Exorta, isto sim, a que aspirem aos dons mais altos; aliás, indica "um caminho que ultrapassa a todos" (1Cor 12,31): a caridade (13,1-13). A caridade há de ser buscada (*diókete*) (1Cor 14,1a); aos outros dons deve-se aspirar (*zeloúte*) (1Cor 14,1b; cf. 1Cor 12,31). Paulo, porém, não menciona o celibato entre os dons a que se deva aspirar; menciona, sim, a profecia (cf. 1Cor 14,1bs).

4. Provém ainda de Paulo uma informação importante sobre a relação entre ministério e estado de vida. Trata-se de 1Cor 9,5. Após abordar a questão da atitude dos cristãos diante das carnes sacrificadas, sob o ponto de vista da ciência (*gnosis*) (1Cor 9,1-6) e da caridade (*agapê*) (1Cor 9,7-13), Paulo ilustra o princípio da caridade como suprema norma moral com seu próprio exemplo: para servir melhor o Evangelho, ele renunciou a uma série de direitos que a pregação do Evangelho lhe conferia (1Cor 9,18.23). Neste contexto, Paulo diz incidentalmente que nem ele nem Barnabé levam consigo uma "*adelphen ghynaika*" como os demais apóstolos, os "irmãos do Senhor" e Cefas (1Cor 9,5). Ele teria direito a isto, mas renunciou a este como a outros direitos (cf. 1Cor 9,15), levando uma vida de extrema dedicação (cf. 1Cor 4,9-13; 1Ts 2,1-2; 2Cor 4,7-12; 6,3-13; Fl 4,10-20), "para não criar obstáculos ao

Evangelho de Cristo" (1Cor 9,12); antes, tornando-se tudo para todos, "a fim de salvar alguns a todo custo" (1Cor 9,22).

Com a expressão "*adelphén ghynaika*" (literalmente, "irmã-mulher"), alude a uma esposa e não simplesmente a uma colaboradora como as mulheres que seguiam a Jesus e aos Doze, ajudando-os com seus bens (cf. Lc 8,1-3). Uma interpretação diferente desta seria um contrassenso: "Se não fosse assim, o raciocínio de Paulo em 1Cor 9 perde toda a sua força. Não quer dizer 'não me faço ajudar por uma mulher caridosa', mas 'não quero ser mantido pelas comunidades que evangelizo, como teria direito a sê-lo, tanto eu quanto a esposa que me acompanhasse, como acontece com outros apóstolos'. Se se referisse à ajuda material de uma mulher cristã, não se vê que motivo teria tido para privar-se dela, já que isto lhe ajudaria exatamente a não ser de peso para as comunidades".[8] Esta interpretação, que é a mais natural, supõe que os apóstolos eram casados com mulheres que com eles compartilhavam não apenas a fé, mas também as viagens missionárias. Sendo assim, o fato de Barnabé e Paulo não serem casados parece excepcional. Paulo, porém, não critica a conduta dos demais, nem pretende reclamar qualquer direito em seu favor (cf. 1Cor 9,15). Ele simplesmente optou por viver sozinho, sem uma esposa; assim, sua missão torna-se menos pesada para as comunidades.

Esta interpretação tem o respaldo dos fatos, da tradição e do uso linguístico. Quanto aos fatos, sabemos que Pedro era casado (cf. Mc 1,30); o irmão de Jesus, Judas Tadeu, também (cf. Eusébio, *Historia Ecclesiastica*, III, 20,1-5) e ainda Felipe (cf. ibidem, III, 31,2-3). Tinham deixado tudo para seguir Jesus em seu ministério itinerante (cf. Mt 19,27), mas, mais tarde, "levaram" novamente consigo suas esposas (1Cor 9,5). Quanto à tradição: os mais antigos Padres da Igreja traduziram o grego "*adelphen ghynaika*" ou a variante "*adelfas ghynaikas*" por "*uxorem sororem*" ou "*uxores sorores*".[9] As vozes destoantes são

---

[8] Ibidem, p. 463.

[9] Cf. Tertuliano, *De exhortatione castitatis* 8; Clemente, *Paidagogos* II, 1, 9; Hilário de Poitiers, Commentarium in Psalmos, CSEL 22,483,8-17; Jerônimo, *Adversus Helvidium* II: PL 23, 194b (204a).

de Tertuliano, em sua fase *montanista*,[10] e de Jerônimo, a partir de 393, já sob o influxo da legislação latina sobre a continência.[11]Neste "subterfúgio", observa Vogels, "encalhou a exegese posterior".[12] Do ponto de vista linguístico, no Novo Testamento, sempre que, numa construção gramatical, uma mulher está colocada numa relação de pertença, significa a mulher casada ("minha mulher" = "minha esposa").[13]

Segundo 1Cor 9,5, portanto, existe um direito à esposa reconhecido pelo menos pela praxe apostólica; que o celibato de Paulo supõe uma renúncia voluntária a tal direito; que, finalmente, o valor do celibato é relativo a outros valores, no caso, ao anúncio do Evangelho.

5. As epístolas pastorais supõem outros critérios para a escolha dos *epískopos* (1Tm 3,1-7), dos *presbíteros-epískopos* (Tt 1,5-9) e dos diáconos (1Tm 3,8-13): eles devem ser "marido de uma só mulher" (1Tm 3,2.12; Tt 1,6)!

É normal que estes responsáveis sejam pessoas casadas, pais de família que já deram provas de administrar bem sua casa e de educar seus filhos (1Tm 3,4.12; Tt 1,6). O bom êxito na função de esposo e pai de família (1Tm 3,4-5) recomenda o *epískopos* a governar uma Igreja. A responsabilidade familiar é o terreno de preparação e a garantia de uma boa responsabilidade eclesial. O matrimônio não constitui nenhum problema para o ministério; de modo algum se exige o celibato como condição prévia para se assumir um ministério.[14]

A expressão "marido de uma só mulher" (*mias ghynaikòs andra*) tem sido interpretada seja no sentido de excluir os viúvos que se casaram novamente, seja no sentido de uma fidelidade conjugal exem-

---

[10]   Cf. Tertuliano, *De monogamia* 8,6.

[11]   Cf. Jerônimo, *Adversus Jovinianum* I, 26: mulheres "que ficavam a serviço dos apóstolos, com a permissão deles, da mesma maneira que... teriam servido ao Senhor (Lc 8,1s)".

[12]   Cf. H.-J. Vogels, O sentido de 1Cor 9,5, em: *Atualidades Bíblicas*, São Paulo, Paulinas, 1971, pp. 558-571.

[13]   Cf. idem, O direito da comunidade a um padre em conflito com o dever do celibato, op. cit., p. 94.

[14]   Cf. P. Grelot, Église et ministères, op. cit., p. 225; P. Bony, Ministerios, matrimonio y celibato, op. cit., p. 464.

plar. A segunda hipótese sempre gozou da preferência dos exegetas.[15] A finalidade da regra é, com efeito, garantir pastores locais que sejam modelos do rebanho (cf. 1Pd 5,3). Os pastores, por sua conduta familiar irrepreensível, devem contribuir para a difusão de uma concepção cristã da família: esta não só será tão digna quanto a família judaica (cf. o livro de Tobias), mas, ainda, a superará em dois pontos: de um lado, o princípio da indissolubilidade por motivos superiores ao direito (cf. Mc 10,1-12; Mt 19,1-19 e 5,31 = Lc 16,18, completado por Mt 5,27-28 e retomado em 1Cor 7,10-11) e, do outro, a prática de um amor "oblativo" (*agapê*), que introduz na família o ideal do amor de Cristo por sua Igreja (cf. Ef 5,22-23).

Não procede a objeção de que, assim, Paulo não estaria pedindo nada de especial aos responsáveis das comunidades: "não é precisamente a intenção de todo o contexto colocar diante dos olhos o retrato de um homem que vive o Evangelho de forma tão verdadeira e visível que todos os cristãos possam imitar este modelo, especialmente em sua vida de família?".[16]

Aliás, a condição de casados destes ministros é perfeitamente adequada ao quadro doméstico das comunidades eclesiais do Novo Testamento. Famílias cristãs acolhem os ministros itinerantes (cf. Rm 16,1-2; At 16,40; 18,3.7); membros destas famílias, em muitos casos, mulheres, desempenham verdadeiros ministérios no âmbito destas "Igrejas da casa" (cf. Rm 16,1.3.6.11.12; At 12,12); muitos casais estão consagrados ao trabalho apostólico e ao cuidado das comunidades nascentes.

6. É ainda no contexto das pastorais que encontramos a mais severa condenação da proibição do casamento: "O Espírito diz expressa-

---

[15] Além da exegese antioquena, comungam desta interpretação S. Lyonnet, "Mari d'une seule femme", texto fotocopiado s.f. (para o Concílio Vaticano II); J. B. Frey, Signification des termes "monandros" et "univira", *Revue des Sciences Religieuses* 20 (1930), pp. 48-50; P. Trummer, Einehe nach den Pastoralbriefen, *Biblica* 51 (1970), pp. 471-484; P. Bony, Ministerios, matrimonio y celibato, op. cit., p. 465; P. Grelot, *Église et ministères*, p. 224. J.- P. Audet vê, na expressão "*mias ghynaikos anér*", "o marido ligado sem divisão à sua esposa", dando, assim, "todos os sinais de um casamento harmonioso e estável" (*Mariage et célibat dans le service pastoral de l'Église. Histoire et orientations*, Paris, Éditions de l'Orante, 1967, p. 95).

[16] P. Bony, Ministerios, matrimonio y celibato, op. cit., p. 465.

mente que nos últimos tempos alguns renegarão a fé, dando atenção a espíritos sedutores e a doutrinas demoníacas, por causa da hipocrisia dos mentirosos, que têm a própria consciência marcada por ferro quente: eles proibirão o casamento, exigirão a abstinência de certos alimentos, quando Deus os criou para serem recebidos, com ação de graças, porque é santificado pela Palavra de Deus e pela oração" (1Tm 4,1-5).

7. Em conclusão, podemos dizer que:

a) O Novo Testamento não liga em nenhum momento, de modo vinculante, o ministério com o celibato. Ainda que Jesus fosse celibatário, o Evangelho e os demais escritos do Novo Testamento não exigem uma vida celibatária. O ministério pode conviver tanto com o estado matrimonial quanto com a opção celibatária.

b) O celibato evangélico não é exclusividade de alguns ministros determinados, mas fruto de um dom gratuito, expressão de um carisma recebido, compromisso de uma liberdade que afirma vigorosamente a novidade do Reino diante do mundo. Integra-se na "novidade" cristã que a comunidade testemunha no mundo!

c) Não é a função que motiva o celibato: é o amor à pessoa de Cristo e o interesse pelo Reino que estão na raiz seja da função, seja do celibato. O ministério do Evangelho não exige o celibato, mas exige discípulos capazes de preferir Cristo a outros valores queridos. A relativização de verdadeiros valores diante do bem maior do Reino não supõe a exigência do celibato, mas pode chegar a coerentemente incluí-la.

d) O celibato evangélico, com efeito, faz parte de uma coerência. É um sinal especial do amor ao Senhor e à sua "causa". Mas não pode ser isolado de outros sinais evangélicos. Para ser verdadeiro, deve estar existencialmente ligado a uma vida integralmente evangélica, feita de amor, desinteresse, gratuidade, desassombro, pobreza, serviço.

e) Em todo caso, deve ser vivido com a liberdade interior garantida pelo amor ao Senhor na força do Espírito. A fidelidade essencial a Cristo supera a ascese voluntária, que é sempre arriscada (cf. 1Cor 7,5.9.36).

f) Nos únicos textos em que o Novo Testamento apresenta critérios para a escolha de ministros (Cartas pastorais), estes são casados. Não se lhes pede que abandonem suas esposas, nem que se abstenham

III. O celibato na história: sob o império da lei e as contradições da "sarx"

1. Nos três primeiros séculos, embora haja ministros célibes, não se documenta nenhuma restrição canônica em relação ao matrimônio de clérigos e nenhuma lei relativa ao celibato. Muitos ministros são casados. Ainda que haja autores que enalteçam o celibato, o matrimônio é visto como um estado normal de vida também para os ministros.[17]

As primeiras determinações jurídicas da continência remontam ao século IV. A primeira proibição aparece no cân. 33 do Concílio de Elvira (306): *"Placuit in totum prohibere episcopis, presbyteris et diaconibus, vel omnibus clericis positis in ministerio, abstinere se a coniugibus suis et non generare filios; quicumque vero facerit ab honore clericatus exterminetur"* (DS 119). Tratando-se de um concílio local, seu alcance foi necessariamente limitado.[18] O Papa Sirício, contudo, respondendo a uma carta, com data de 10 de fevereiro de 385 (contendo perguntas sobre o Batismo, a Penitência, a disciplina da Igreja e o celibato do clero), que o bispo de Tarragona, Himério, escrevera ao Papa Dâmaso, deu alcance universal às decisões de Elvira sobre o celibato (cf. DH 185). De idêntico sentido são as Decretais dos Papas Inocêncio I, Leão I e Gregório I quanto aos concílios locais de Roma, Toledo, Cartago, Turim,

---

[17] Cf. R. Gryson, *Les origines du célibat ecclésiastique du premier au septième siècle*, Gembloux, Ducoulot, 1968, p. 13s.

[18] Com outros autores, Roger Gryson questiona a pertença do cân. 33 (bem como dos 22-62 e 76-81) a Elvira: "Eu creio então que o cânon 33 não remonta ao início do século IV, mas pertence à época em que a lei da continência foi imposta por Roma a todo o Ocidente, e particularmente à Espanha, no final do século IV (...) é em Roma, no final do século IV, que se situam as origens da lei do celibato. A hesitação não pode ser senão entre os pontificados de Dâmaso (366-384) e de Sirício (384-399)" (R. Gryson, Dix ans de recherches sur les origines du célibat ecclésiastique, *Revue Théologique de Louvain* 11 [1980], p. 164.165).

Orange e Tours (fins do século IV e decurso do século V), que aceitarão, estenderão e imporão gradativamente a lei *da continência*.[19]

2. Em contrapartida, o Concílio de Niceia (325) – um dos grandes concílios ecumênicos da antiguidade, que não tratou só da divindade de Cristo, mas de uma série de outras questões – ter-se-ia negado a transformar a norma de Elvira em exigência universal.[20]

3. A prática do celibato oscila muito entre os séculos VI e XII. Se, de um lado, as invasões (séculos VI-VII) contribuíram para um relaxamento dos costumes, levando não poucos clérigos a viver cm matrimônio ou em aberto concubinato,[21] de outro lado, a obra missionária dos séculos VIII e IX e a Reforma carolíngia conduziram a uma valorização do monaquismo e a uma recuperação do ideal do celibato e da disciplina. Nos séculos XI e XII, ao mesmo tempo que se exaltava a dignidade, o caráter sagrado e o poder sacerdotal, os sacerdotes viviam de fato

---

[19] Cf. H. Leclerc, Célibat, em: *Dictionnaire d'Archéologie Chrétienne et de Liturgie*, 1949, tomo II, p. 2.808s.

[20] Cf. L. M. Weber, Celibato, em: K. Rahner (ed.), *Sacramentum Mundi*, Brescia, 1974, I, p. 98; D. Borobio, *Ministerio sacerdotal, ministerios laicales*, Bilbao, Desclée de Brouwer, Morcelliana, 1982, p. 337. Gryson, porém, acolhendo a argumentação de Fr. Winkelmann [cf. Paphnutios, der Bekenner und Bischof, em: *Probleme der koptischen Literatur* (col. Wissenschaftliche Beiträge der Martin-Luther-Universität Halle-Wittenberg, K2, Halle, 1968, pp. 145-153], considera que a discussão sobre a continência dos clérigos no Concílio de Niceia tem todas as características de uma lenda (cf. R. Gryson, Dix ans de recherches..., op. cit., p. 164-165).

[21] O estudo dos concílios da Alta Idade Média (séculos V-X) mostra que, de fato, a lei da continência foi mal observada e constituiu uma fonte inesgotável de dificuldades para a Igreja. Ainda que a continência possa ter sido heroicamente praticada por um grande número de presbíteros da Alta Idade Média e por suas esposas, não seria razoável sustentar que a lei da continência tenha sido unanimemente respeitada. O fato de a maior parte dos concílios desta época voltar ao tema da continência, o fato de se contarem às centenas os decretos baixados sobre esta matéria, o fato de as sanções contra os infratores se tornarem sempre mais pesadas, o fato de medidas de precaução visando a manter os clérigos casados longe de suas esposas se tornarem mais rigorosas, tudo isso mostra que a lei da continência, no mínimo, colocou para a Igreja latina um problema considerável (cf. R. Gryson, Dix ans de recherches..., op. cit., pp. 178-179).

ANTONIO JOSÉ DE ALMEIDA

submetidos ao controle dos senhores feudais, sendo o matrimônio ou o concubinato dos clérigos prática corrente.[22]

4. A Reforma gregoriana (1050-1150), combatendo o nicolaísmo, a simonia e o cesaropapismo, impulsionou, por diversos meios, a aplicação da disciplina do celibato. Mesmo assim, continuou-se a discutir sobre a manutenção da família dos clérigos, herança das propriedades da Igreja, compra de ofícios para os filhos dos bispos, sinal de que as dificuldades eram muito reais.[23]

5. A radicalização e a universalização da lei do celibato só chegam mesmo com os cânones 6 e 7 do Concílio Lateranense II (1139), reiterados pelo Lateranense IV (1215): os matrimônios dos clérigos, tanto os já contraídos quanto os que venham a contrair-se, são declarados nulos e inválidos.[24] Entretanto, durante séculos, continuou-se a ordenar localmente homens casados, de acordo com o direito consuetudinário, mencionado pelo cân. 14 do Lateranense IV, que se refere aos clérigos que, "segundo o uso de seu país, não renunciaram aos vínculos do matrimônio", sob a condição, porém, de guardarem a continência.[25] Vê-se que, não obstante a radicalidade das decisões do Lateranense II, as constantes admoestações e censuras dos papas e dos concílios locais no decorrer dos séculos XII e XIII estão mostrando que o celibato encontrava sérias dificuldades para impor-se totalmente. Presente nos debates de grandes concílios (Vienne: 1311-1312; Constança: 1411-1418; Florença: 1431-1445; Lateranense V: 1512-1517), a prática do concubinato persistia nos tempos da Reforma e da Contrarreforma.[26]

6. O Concílio de Trento não promulgou uma nova lei sobre o celibato; apenas se limitou a confirmar, nos cânones sobre o sacramento

---

[22] Cf. J. E. Lynch, Marriage and celibacy of the clergy: the discipline of the western church. An historico-canonical synopsis, *The Jurist* 32 (1972), p. 199-200.

[23] Cf. R. Gryson, Les origines du célibat ecclésiastique, op. cit., p. 21.

[24] Huiusmodi namque copulationem, quam contra ecclesiasticam regulam constat esse contractam, matrimonium non esse censemus, em: *Conciliorum Oecumenicorum Decreta*, Bologna, EDB, 1973, p. 198.

[25] Cf. H.-M, Legrand, *Iniciación a la práctica de la teología*, Madrid, 1985, tomo III, p. 241.

[26] Cf. D. Borobio, Ministerio sacerdotal, ministerios laicales, op. cit., p. 339.

da Ordem, o anteriormente estabelecido, defendendo-o contra os reformadores.[27]

7. O Código pio-beneditino estabelece que as ordens maiores constituem um impedimento para o casamento (cân. 132) e que a tentativa de contrair matrimônio por parte do sacerdote é nula (cân. 1.072). Os pecados contra a castidade por parte dos clérigos são sacrilégios (cân. 132, §1º), e uma violação externa da lei (cân. 2.195) é passível de pena (cân. 2.325). Por sua vez, o juramento de estar agindo livre e espontaneamente ao abraçar o celibato exigido a partir de 1930 supõe que quem presta esta obediência tem o carisma correspondente.[28]

8. O Vaticano II sublinhou com toda a clareza a necessidade do carisma, mas, ao mesmo tempo, reforçou a lei que impõe o celibato a todos os sacerdotes.

A questão do celibato é tratada em dois contextos diferentes: em relação à vida religiosa e em relação ao ministério ordenado.

Na *Lumen gentium*, a vida religiosa (cap. VI) é tratada no mais amplo contexto da vocação universal à santidade (cap. V). O segundo parágrafo do n. 40 é enfático: "É, assim, evidente que todos os fiéis cristãos de qualquer estado ou ordem são chamados à plenitude da vida cristã e à perfeição da caridade". Ao tratar, depois, dos caminhos e meios da santidade, a *Lumen gentium* enaltece os conselhos evangélicos, particularmente o celibato: "De modo especial favorece igualmente a santidade da Igreja os múltiplos conselhos que no Evangelho o Senhor propõe à observância dos seus discípulos. Entre eles sobressai o precioso dom da divina graça que é dado a alguns pelo Pai (cf. Mt 19,11; 1Cor 7,7), para que na virgindade e no celibato se consagrem mais facilmente com indiviso coração (cf. 1Cor 7,31-34) somente a Deus. Esta perfeita continência por amor do Reino dos Céus sempre foi tida pela Igreja em singular estima, como sinal de estímulo da caridade e fonte peculiar de fecundidade espiritual" (LG 42, §3º). Neste sentido, o Decreto *Perfectae caritatis* apresenta a castidade como "insigne dom da graça", "sinal peculiar dos bens celestes", além de "meio muito apto a se dedicarem os

---

[27] Cf. DH 1809.

[28] Cf. *AAS* 23 (1931), p. 127.

religiosos com ardor ao serviço divino e às obras do apostolado" (PC 12).

O celibato é colocado em relação ao ministério especialmente nos decretos *Optatam totius* 10, e *Presbyterorum ordinis* 16. Aí, "a perfeita e perpétua continência por amor ao Reino" é apresentada como "sinal e estímulo da caridade pastoral" e "fonte peculiar da fecundidade espiritual no mundo" (PO 16). *Presbyterorum ordinis*, porém, deixa claro que o celibato não é exigido pela própria natureza do sacerdócio, "como se evidencia pela praxe da Igreja primitiva e pela tradição das Igrejas orientais, onde – além daqueles que, com todos os bispos, por dom da graça, escolhem observar o celibato – existem igualmente presbíteros casados, de altíssimo mérito". O celibato, porém, fundamentado no mistério e na missão de Cristo, "ajusta-se de mil modos ao sacerdócio". Por isso, de início apenas recomendado aos sacerdotes, "foi depois imposto por lei a todos os que iriam ser promovidos à ordem sacra".

Esta afirmação do Vaticano II "torna a reconhecer e a confirmar esta legislação para os que se destinam ao presbiterado, confiando no Espírito que o dom do celibato, tão cocrente com o sacerdócio do Novo Testamento, seja outorgado com liberdade pelo Pai, contando com aqueles que participam do sacerdócio de Cristo pelo sacramento da Ordem – e com eles ainda a Igreja toda – o peçam com humildade e insistência" (PO 16, §2º). Ao mesmo tempo, *Presbyterorum ordinis* declara que o Concílio "de forma alguma intenciona mudar aquela disciplina diversa, que vigora legitimamente nas Igrejas orientais, e exorta com muito amor aqueles que receberam o presbiterado no matrimônio a que perseverem em sua santa vocação e continuem a empenhar a vida, plena e generosamente, em favor do rebanho a eles confiado" (PO 16, §1º).

9. Em 24 de junho de 1967, Paulo VI lançava a Encíclica *Sacerdotalis coelibatus*, na qual analisava e refutava os argumentos em prol de uma mudança, reafirmando com toda a clareza a lei e desenvolvendo amplamente os fundamentos cristológicos, eclesiológicos e antropo-escatológicos do celibato.[29]

---

[29] Cf. Paulo VI, Sacerdotalis coelibatus, *AAS* 59 (1967), p. 657s.

10. O Sínodo de 1971 (sobre os temas da *Justiça no mundo* e do *Ministério sacerdotal*) declara que "a lei do celibato sacerdotal, em vigor na Igreja Latina, deve ser conservada em sua totalidade".[30]

11. O Papa João Paulo II tem favorecido e apoiado a disciplina e concepção clássica da Igreja, que advoga a união entre sacerdócio e celibato. Em suas intervenções, tem animado a acolher o dom do celibato, a manter-se fiel ao compromisso assumido, a receber com alegria o ensinamento constante da Igreja, a descobrir os aspectos positivos desta praxe, a renovar permanentemente o compromisso. Na mais alta cúpula da Igreja, não há sinais de que se queira reabrir o debate sobre esta questão.[31]

12. Da longa história da lei do celibato, podemos tirar algumas conclusões: a) apesar das pressões frequentes exercidas em relação à lei do celibato, a Igreja nunca colocou em questão seu fundamento, nem jamais permitiu desfazer-se dela quanto ao essencial; b) a repetição tão frequente de diretrizes nas mais diversas instâncias, a constatação reiterada das numerosas transgressões, as alusões explícitas à falta de observância patenteiam que com muita frequência o celibato não foi respeitado: "para certas regiões, pode-se falar de uma espécie de des-

---

[30] Cf. *AAS* 63 (1971), p. 897s. "O resultado da votação neste ponto foi o seguinte: *Placet*, 168 votos; *Non placet*, 10 votos; *Placet iuxta modum*, 21 votos; e abstenções, 3." Quanto à ordenação de homens casados, "foram propostas duas fórmulas à votação dos padres: Fórmula A: Salvaguardado sempre o direito do Sumo Pontífice, não se admite nem sequer em casos particulares a ordenação de homens casados. Fórmula B: Compete só ao Sumo Pontífice, em casos particulares, por necessidades pastorais, tendo em conta o bem da Igreja Universal, conceder a ordenação presbiteral de homens casados, naturalmente, de idade madura e de vida honesta". "Segundo as disposições dadas pelos presidentes, não se fez a votação destas propostas com *placet* e *non placet*; mas, sim, pela escolha de uma das fórmulas. A primeira fórmula, ou seja, a fórmula A, obteve 107 votos; e a fórmula B obteve 87. As abstenções foram duas e igualmente os votos nulos foram também dois" (cf. ibidem, trad. Bras., *REB* 31 [1971], p. 960). Para uma crônica do sínodo, cf. B. Kloppenburg, O Sínodo dos Bispos de 1971, *REB* 31 (1971), pp. 891-936.

[31] Cf. por exemplo, João Paulo II, Carta do Papa João Paulo II a Todos os Sacerdotes da Igreja por Ocasião da Quinta-feira Santa, 1979, n. 8 e 9.

suetude";[32] c) longe de capitular diante das dificuldades, a Igreja prosseguiu a sua luta, retomando sempre sua própria reforma.[33]

O que estaria por detrás da resistência da Igreja em rever a própria lei do celibato?

IV. A permanência da instituição sob a variação das motivações

1. A pureza ritual

Historicamente, a primeira motivação que se usou oficialmente para se impor a prática, primeiro, da continência sexual com a esposa, depois, do celibato propriamente dito, entre os clérigos, foi a motivação da pureza ritual.[34] Pelo fim do século IV, introduziu-se o costume de abster-se de toda a relação sexual na véspera da celebração eucarística; às vezes, esta abstenção começava vários dias antes; paralelamente, os leigos adotam o mesmo costume. A diferença de disciplina entre o Oriente, onde os sacerdotes mantêm uma vida conjugal normal, e o Ocidente explica-se pelo fato de, no Oriente, a Eucaristia ser celebrada apenas aos domingos, enquanto, no Ocidente, a Eucaristia foi se tornando, a partir dos grandes centros, cotidiana; o resultado, no Ocidente, é a continência permanente dos sacerdotes.

---

[32] A. M. Stickler, L'évolution de la discipline du célibat dans l'Église en Occident de la fin de l'âge patristique au Concile de Trente, em: J. Coppens (ed.), *Sacerdoce et Célibat. Études historiques et théologiques*, Gembloux-Louvain, Ducoulot-Peeters, 1971, p. 441.

[33] Cf. ibidem.

[34] Segundo R. Gryson, "o princípio que se encontra nas origens da lei do celibato ecle siástico é o princípio da pureza ritual" (*Les origines du célibat ecclésiastique*, cit., p. 320). Mais precisamente ainda, deve-se dizer que "no ponto de partida da tradição canônica de onde procede no Ocidente a lei do celibato, se acha a lei da 'continência eucarística', que proíbe as relações sexuais durante a noite precedente à comunhão. Lá onde a celebração eucarística se torna cotidiana, como é o caso no Ocidente a partir do fim do século IV, ela implique a continência perpétua para os clérigos maiores, casados ou não" (R. Gryson, *Dix ans de recherches...*, cit., p. 168).

Esta continência está condicionada, de um lado, pela antropologia dualista de matriz platônica e neoplatônica e pela ética estoica e, de outro, pela aplicação das prescrições levíticas aos ministros ordenados da Igreja.[35]

O dualismo platônico e neoplatônico manifesta a sua influência na consideração cristã da sexualidade através de uma metafísica depreciativa da matéria e de restrições várias especificamente na esfera sexual: o ato conjugal é visto como "ato inconveniente", "ato permitido, mas escabroso"; no pessimismo diante da sexualidade; na própria concepção da virtude da "castidade' com certo matiz restritivo e de abstenção; no ascetismo como medida para se encontrar uma vida mais pura e mais dedicada à contemplação. A influência do estoicismo é direta e evidente em alguns padres e difundida em todo o cristianismo antigo; manifesta-se sobretudo na concepção segundo a qual o ato conjugal justifica-se unicamente pela finalidade procriativa.[36] Segundo a ética estoica, a virtude consiste em o homem, através da razão, adequar-se conscientemente à racionalidade da natureza, sendo a perda do controle da razão sobre as paixões um fato degradante. O ideal estoico consiste na *"apatheia"* (imperturbabilidade no desprezo dos prazeres sensíveis), e a relação sexual na antiguidade e, sobretudo, entre os estoicos, é vista como uma "pequena epilepsia": priva o homem dos sentidos e, por isso, não é "segundo a razão".[37] Ao mesmo tempo, retomam-se preceitos de pureza cultual do Antigo Testamento (cf. Ex 19,15; Lv 15,16-18; 1Sm 21,5-7; Lv 22,4b-7). A combinação, portanto, de elementos da ética estoica com determinadas regras de pureza ritual, no húmus do dualismo antropo-

---

[35] "Duas grandes correntes confluem para formar essa concepção da sexualidade em meio dos padres: o ideal estoico da ataraxia, de um lado, e o dualismo pitagórico, do outro" (ibidem, p. 172).

[36] Cf M. Vidal, Sexualidade e cristianismo: do conflito à reconciliação,*Concilium* 109 (1975/9), pp. 1.078s.

[37] Cf. Stoicismo, em: Centro di Studi Filosofici di Gallarate (ed.), *Dizionario delle Idee*, Firenze, Sansoni, 1977, p. 1.157; E Schillebeeckx, *Per una chiesa dal volto umano*, Brescia, Queriniana, 1986, p. 276; H.-M. Legrand, Ministerios de la Iglesia local, em: B. Lauret; F. Refoulé (ed.), *Iniciación a la práctica de la teología, Dogmática 2*, Madrid, 1985, pp. 242s.

lógico platônico e neoplatônico, leva a considerar as próprias relações sexuais legítimas como uma mancha.[38]

Sabe-se que a Igreja, contra o maniqueísmo e o gnosticismo, que não reconheciam nenhum valor positivo ao corpo e sobretudo desprezavam a sexualidade e a procriação, ensinou com firmeza a bondade do corpo e da atividade procriativa. As expressões teológicas, porém, infelizmente, nem sempre foram exatas. A luta contra o hedonismo e os abusos sexuais nem sempre se ateve à melhor visão bíblica (cf. Gn 1,28; 2,18.24; 4,1). Segundo Orígenes e, especialmente, Gregório de Nissa, a sexualidade e a diferenciação sexual provêm da "segunda criação", atuada em função do pecado; o exercício da sexualidade é consequência do pecado.[39] Muitos padres do Ocidente e do Oriente seguiram a opinião de Gregório de Nissa, para o qual a multiplicação do gênero humano teria sido feita de modo angélico se não tivesse havido o pecado.[40] Clemente de Alexandria considerava a relação sexual "uma pequena epilepsia, uma doença incurável... eis a dimensão do dano: o homem é alienado de si mesmo no delírio do coito".[41] O pessimismo antropológico atinge seu clímax cm Jerônimo e Agostinho. Segundo Jerônimo, "*omnis coitus immundus*".[42] Para Agostinho, deve-se exigir a obra da carne somente na medida em que conduz à procriação dos filhos: "Já que não tendes outra maneira de ter filhos, consenti apenas com pesar. Pois que é uma punição daquele Adão do qual provimos; não consideres, pois, vantajoso aquilo que é para a nossa punição".[43] Agostinho chegou mesmo a defender que seria uma alegria indizível poder ter filhos sem relação sexual.[44]

---

[38] Cf. ibidem.

[39] Cf. Gregório Nisseno, *De hominis opificio* 16: PG 44, 186a; 17, col. 190; e *De virginitate* 12: PG 46, 374d.

[40] Cf. idem, *De hominis opificio*, 18: PG 44, 192; cf. João Crisóstomo, *De virginitate*, 145: PG 48, 544-546; Agostinho, *De Genesi contra Manichaeos* I, 19: PL 34,187.

[41] Clemente Alexandrino, *Paidagogos* II: PG 8, 511a.

[42] Jerônimo, *Ad Jovinianum* I, 20: PL 23, 238; cf. também: I, 34: PL 23, 256-258; Epistola 22 (a Tristófilo): PL 22. 406-410.

[43] Agostinho, *Sermo* 51, XV: PL 38, 347s.

[44] Ibidem, 346.

Evidentemente, não faltaram teólogos e pastores que tiveram uma visão prevalentemente positiva da sexualidade e permaneceram fiéis à concepção bíblica. A convicção comum da Igreja não cedeu à tendência pessimística. Como que compendiando a tradição positiva, o Concílio de Trento reconhece à união conjugal seu pleno significado: a realidade total do matrimônio, inclusive o aspecto corporal, é avaliada positivamente na perspectiva do sacramento: "A graça aperfeiçoa aquele amor natural". [45] Santo Afonso afirmará categoricamente: "o ato conjugal é por si lícito e digno. E esta é uma afirmação de fé".[46] A *Gaudium et spes* levou ao seu melhor desenvolvimento as correntes construtivas da tradição e dos documentos anteriores do Magistério.[47]

Infelizmente, a visão pessimística da sexualidade está presente exatamente naqueles papas que estão na origem da lei da continência para os sacerdotes, que, mais tarde, se desenvolverá em lei do celibato: tal é o caso da Decretal atribuída ao Papa Dâmaso (366-384) e dos documentos do Papa Sirício (384-399) e do Papa Inocêncio I (401-417) atinentes à matéria.[48]

Enfim, a pureza ritual foi o motivo fundamental da lei da continência e, posteriormente, da lei do celibato. O Concílio Lateranense II, no qual a lei do celibato foi oficialmente promulgada em forma universal e radical, destaca exatamente esta motivação: "A fim de que a lei da continência e a pureza que é agradável a Deus se desenvolveram entre os clérigos e os consagrados, estabelecemos...".[49] Trata-se, explicitamente, da lei do celibato concebida "como meio drástico para finalmente fazer aplicar efetivamente a lei da continência. Resulta claramente, com efeito, dos concílios dos séculos V ao X, que a lei da continência não era seguida senão relativamente pelos padres casados. A autoridade ecle-

---

[45] DS, 1799.

[46] Afonso de' Liguori, *Theologia moralis*, I, 6, T. 6, n. 900.

[47] Cf. GS, 47-52, especialmente 49.

[48] Sirício, Epistola "Directa ad decessorem" ad Himerium episcopum tarraconiensem, *DS* 185; Epistola ad Episcopos Africae: PL 56, 728; Inocêncio I, *Epistola ad Victricium*, c. 10, 56, 523; *Epistola ad Exsuperium*, c. 1: PL 56, 501.

[49] Cf. Instituto per le Scienze Religiose (ed.), *Conciliorum Oecumenicorum Decreta*, 2. ed., Bologna, EDB, 1973.

siástica o sabia. Depois de todo gênero de intensificação das sanções e das punições econômicas que permaneceram sem efeito, a autoridade recorreu então a um meio mais radical: a proibição de casar-se. Somente a partir deste momento (1139), o sacerdócio tornou-se um impedimento dirimente para o matrimônio e somente um célibe podia ser admitido ao sacerdócio".[50]

Deve-se, aliás, recordar que, no Oriente, houve reações, baseadas no Gênesis, contra os clérigos que se abstêm do matrimônio, eventualmente por motivos reprováveis. Assim, os Cânones Apostólicos (fim do século IV) prescrevem: "Se um bispo, um presbítero ou um diácono se abstêm do matrimônio, de carne e de vinho, não por ascese, mas esquecendo que Deus fez 'todas as coisas muito boas' e que criou o homem, homem e mulher, que se corrija ou, do contrário, que seja deposto ou excluído da Igreja" (CA 51). Na Igreja Síria oriental, entre o Sínodo de Beit-Lapaht (484) e a revogação, em 540, de suas disposições relativas ao patriarca e aos bispos, o Mar Aba I, "todos os clérigos, desde o patriarca até o último clérigo, eram convidados a casar-se, nem se conhecia a continência cultual".[51]

2. Avaliação crítica

A partir da revelação bíblica e até para salvaguardar o autêntico valor do celibato, é necessário proceder – como, aliás, o fizeram tantos pastores e teólogos do passado – a uma crítica das antropologias que, em determinados textos do Magistério e de escritores cristãos, serviram de sustentação para a lei do celibato.

A mensagem bíblica sobre a sexualidade, com efeito, se distancia e se diferencia das visões do estoicismo (que restringe a sexualidade ao fim exclusivo da procriação e considera o ato sexual como uma perda do controle e da razão), do dualismo platônico e neoplatônico (com sua metafísica depreciativa da matéria, do corpo, do prazer inerente à atividade sexual) e dos movimentos extremistas que surgiram dentro do cristianismo ou dentro dele se desenvolveram, como o gnosticismo,

---

[50] E. Schillebeeckx, *Per una chiesa dal volto umano*, cit., p. 243.

[51] H.-M. Legrand, Ministerios de la Iglesia local, op. cit., p. 243.

o encratismo e o maniqueísmo (que não viam nenhum valor positivo no corpo e que, sobretudo, desprezavam a sexualidade e a procriação).

a) Na revelação, antes de tudo, afirma-se claramente a igual dignidade do homem e da mulher diante de Deus (cf. Gn 1,27); o valor e a dignidade do casamento (cf. Gn 1,28-31; 2,20-24); a bênção divina da procriação pela união conjugal (cf. Gn 1,28); a profunda comunicação e comunhão que o diálogo sexual realiza (cf. Gn 4,1).

b) Por serem pessoas, homem e mulher são imagem de Deus. Ser pessoa é ser capaz de relação. E dado que a personalidade humana atua em relação de recíproco respeito e amor num afeto que é codeterminado pela corporeidade e, particularmente, pela sua sexualidade, deve-se afirmar com toda a clareza que o corpo, a sexualidade e a afetividade humana não podem ser tidos como estranhos à verdadeira humanidade e, em última análise, ao ser-imagem de Deus. Homem e mulher são imagens de Deus não imediatamente enquanto sexuados, mas porque, com toda a sua personalidade, "também no afeto e no amor sexual, podem exprimir um amor que os torna semelhantes a Deus".[52]

c) Evidentemente, não se deve elidir a complexidade do discurso bíblico e teológico sobre a sexualidade, em toda a sua tensão. Para a revelação, tanto o corpo como a sexualidade são obra do único Criador, que contempla como muito boa a criatura-vértice de sua palavra (cf. Gn 1,31). De outro lado, porém, o homem todo e, consequentemente, também a sua sexualidade e suas relações sexuadas encontram-se feridos pelo pecado. É contrário à revelação considerar a sexualidade como "o" lugar do pecado, como, às vezes, se fez; a sexualidade, como o homem todo, permanece em si boa, mesmo depois do pecado. Mas, se o homem todo, pelo pecado, aliena-se de Deus, e se esta sua alienação se exprime em todas as suas relações (com Deus, com os outros, consigo mesmo, com a natureza), a sexualidade não é estranha a esta situação, podendo, de fato, transformar-se, como outras dimensões da nossa existência, em egoísmo encarnado. A última palavra, porém, não é o pecado, mas a redenção. O homem todo é redimido pela graça vitoriosa de Cristo, e sua sexualidade participa da redenção na medida em

---

[52] B. Häring, Sessualità, em: L. Rossi; A. Valsecchi (ed.), *Dizionario Enciclopedico di Teologia Morale*, 4. ed., Roma, Paoline, 1976, p. 994.

que o ser humano a acolhe na fé e no amor. Também a sexualidade tem necessidade de ser redimida. Somente quando o homem e a mulher superam o desejo de dominar e explorar os outros, pode a sexualidade participar da redenção que atinge o homem todo. O dom da redenção não dispensa, antes exige e sustenta a luta constante contra o egoísmo encarnado.

d) A bondade da sexualidade exprime-se e atua tanto no matrimônio como no celibato enquanto expressões diferentes, mas *legítimas e coerentes*, do amor a Deus e ao próximo: "o fato de que Cristo tenha vivido o celibato pelo Reino de Deus e o declare possível e nobre, quando abraçado pelos seus discípulos pelo mesmo motivo, não diminui a dignidade do matrimônio, mas constitui uma parte da revelação atinente à sexualidade e à sua redenção. O homem não é condenado ao matrimônio, nem é condenado a sentir-se frustrado se não chega a ele. O homem pode viver, em plenitude, a sua alta vocação de pessoa e de discípulo de Cristo também quando, aceitando o carisma do celibato, renuncia a toda atividade sexual. Na Bíblia, o celibato não é justificado ou motivado com o desprezo ou uma discriminação em relação ao casamento. É exatamente a livre escolha entre um estado e outro, de acordo com o carisma dado a cada um (cf. 1Cor 7,7), que garante ao matrimônio cristão o seu caráter de vocação livremente seguida. O homem não é escravo de sua sexualidade. Ele a acolhe na sua bondade original, que lhe vem do Criador, e na sua redenção operada por Cristo; está pronto a lutar contra o egoísmo que quereria desintegrar a sexualidade. A livre renúncia não se torna nem repressão nem obsessão. Todas as energias afetivas e psíquicas são acolhidas e integradas na vocação para o Evangelho. E o homem que vive livremente o celibato está, de um modo todo particular, capacitado e pronto a dedicar-se aos necessitados e a amar com ternura aqueles de quem ninguém se enamora, mas se sentirá devedor em relação ao amor conjugal de seus pais e em relação àquele crescimento afetivo que não seria possível sem a natureza sexual dos homens e das mulheres. A sexualidade, porém, é apenas um dos componentes que promovem e estimulam o crescimento do amor total, na medida em que estiver integrada na globalidade do amor pessoal".[53]

Ninguém se atreveria hoje a justificar o celibato em nome da "pureza ritual". Não só a recuperação da mensagem bíblica sobre a se-

---

[53] Ibidem, p. 995.

xualidade, mas também o *ethos* cultural nascido da Renascença e da Modernidade tornam sem sentido o discurso da pureza ritual. Se o segundo (o *ethos* da Modernidade) tende a divinizar a sexualidade, negando-lhe uma teologia que a transcenda e a relativize, a primeira (a mensagem bíblica) a dessacraliza, a hominiza e a humaniza, integrando-a na estrutura pessoal e, por isso, interpessoal, social e mística do ser humano. No horizonte e no âmbito da Aliança, em sua dimensão vertical (com Deus) e horizontal (com os demais), a sexualidade não é impedimento ou obstáculo para a comunhão, mas sacramento de um dinamismo que a perpassa e a ultrapassa: a abertura ao outro, a responsabilização comunitária e social, a experiência do Mistério Santo. Longe de contaminar o ser humano, a sexualidade é capaz de remetê-lo para a transcendência dos "outros e do "Outro", que se dá em todo se dar autenticamente humano.

3. A preservação do patrimônio eclesiástico

Embora haja autores que subestimem a influência deste fator na introdução da lei do celibato,[54] também a preservação do patrimônio eclesiástico teve o seu peso.[55]

---

[54] Para Schillebeeckx, "os outros motivos que intervieram nesta lei do celibato medieval parecem historicamente muito secundários. De qualquer maneira, não colocaram sobre a balança nenhum peso historicamente verificável. Por exemplo, a confiscação, durante a Idade Média, dos bens dos 'filhos dos padres', mediante a qual a Igreja se livraria da tutela das potências civis. De fato, o celibato aumenta, sem dúvida, o poder da Igreja (e, portanto, a sua independência perante os soberanos e os imperadores). É absolutamente evidente que a lei da continência ritual foi o único argumento forte e efetivamente determinante desta legislação eclesiástica. É, portanto, errado historicamente e ideologicamente ver a lei do celibato como um meio para conquistar poder para a Igreja, quer na Antiguidade, quer na Idade Média. Posteriormente, quando esta lei já estava de fato em vigor, ela pôde funcionar dentro do desígnio de uma conquista do poder do poder, mas isto não tem nada a ver com os motivos de sua aparição" (E. Schillebeeckx, *Per uma chiesa dal volto umano*, cit., p. 279).

[55] "Como causa histórica do celibato se revela na Idade Média – o problema remonta aos séculos V-VI – a preocupação com a alienação dos bens da Igreja com a passagem de heranças de famílias" (L. M. Weber, Celibato, em: K. Rahner (ed.), *Sacramentum Mundi*, Brescia, p. 98, v. 2).

Segundo Legrand, o fator decisivo para a consideração da questão econômica no que diz respeito ao estado civil dos bispos é "o temor de que, por liberdade ou por testamento, se dissipem bens da Igreja que têm uma função social considerável (hospitais, orfanatos, cuidado dos pobres)". Por isso, o Imperador Justiniano impõe-lhes que sejam célibes ou, pelo menos, que não tenham filhos, e que sua esposa ingresse num mosteiro (por estas razões se compreende facilmente o interesse do Estado em impor o celibato aos bispos).[56] Eis a alegação do imperador: "é inadmissível que os bispos dissipem os bens (da Igreja) para seu proveito pessoal ou os gastem em favor de seus filhos ou de sua família" (cf. *Corpus Juris Justiniani* 2,25-26). A Reforma gregoriana insistia, entre outras coisas, no seguinte adágio: "Não se poderia libertar a Igreja da servidão dos leigos sem libertar os clérigos de suas esposas".[57]

4. Avaliação crítica

A preservação do patrimônio eclesiástico não pode ser argumento para se manter a lei do celibato. Desde muito, a Igreja armou-se de dispositivos jurídicos eficazes para salvaguardar seus bens. O patrimônio eclesiástico é impessoal, e seus administradores vêm-se afeiçoando a um trato cada vez mais empresarial do mesmo, submetendo sua gestão a controles técnicos e colegiados que, em princípio, inviabilizariam sua destinação para fins pessoais e/ou familiares. Escândalos financeiros podem existir com celibato ou sem celibato!

Evidentemente, uma modificação da lei do celibato obrigaria a Igreja a repensar seu(s) sistema(s) de manutenção do clero. Mas isto não constitui nenhum problema insolúvel. Dada a grande diversidade de sistemas de manutenção do clero atualmente existentes (às vezes, dentro de uma mesma diocese), a introdução de mais um seria algo perfeitamente assimilável. Além disso, assim como a experiência ad-

---

[56] É conveniente recordar que "ao estipêndio dado pelo bispo, acrescentava-se às vezes uma subvenção estatal, embora nada prove que tais verbas fossem generalizadas e constantes" [cf. V. Rovera, La questione economica del clero: presbiteri a tempo pieno o a tempo parziale?, em: E. Cappellini (ed.), *Problemi e prospettive di Diritto Canonico*, Brescia, Queriniana, 1977, p. 251].

[57] H.-M. Legrand, Ministerios de la Iglesia local, op. cit., p. 243.

ministrativa da Igreja tem servido de modelo para outras instituições, nada impede que a Igreja aprenda com outras instituições e com outras Igrejas a enfrentar, com critérios evangélicos, uma eventual nova situação. Mais radicalmente ainda, temos que pensar o(s) sistema(s) de manutenção em função do(s) novo(s) tipo(s) de presbítero, cujo aparecimento a Igreja, fiel à essência do ministério ordenado, deveria propiciar e fomentar em vista das novas e complexas situações que desafiam a evangelização e, consequentemente, as estruturas comunitárias e ministeriais da Igreja. Neste ponto, aliás, o que está acontecendo, no Brasil e na América Latina, no nível dos ministérios não ordenados, deveria ser atentamente observado e sapiencialmente avaliado pela Igreja.[58]

5. O celibato "místico" e "pastoral"

No Vaticano II, o celibato é incentivado com razões místicas e pastorais. Finalmente, não se faz mais apelo aos motivos de pureza ritual e de ordem econômica: "pela primeira vez, em toda a história da Igreja (pelo menos em documentos canônicos), levou-se em consideração o fato de que a *motivação* tradicional da *lei* do celibato tornou-se insustentável em nossa época".[59] Intencionalmente, não se fala de "perfeita castidade" (para não desvalorizar o casamento, onde também se pode viver uma castidade perfeita), mas de "perfeita continência" (cf. LG 42, §3º). Além disso, recorda-se a existência dos sacerdotes orientais casados (cf. PO 16, §1º), menção que, intencionalmente, o Concílio de Trento havia evitado. Mais ainda. Antes, geralmente se aceitava que houvesse uma espécie de concorrência entre o amor de Deus e o amor conjugal (cf. 1Cor 7,32-34), o que, teologicamente, a uma reflexão mais

---

[58] Cf. A. J. de Almeida, *Os ministérios não ordenados na Igreja latino-americana*, São Paulo, Loyola, 1989; idem, *Teologia dos ministérios não ordenados na Igreja da América Latina*, São Paulo, Loyola. 1989; J. Komonchak, Ministérios "ordenados" e "não ordenados" na Igreja local, *Concilium* 153 (1980/3), pp. 46-53; F. Lobinger, Desenvolver-se na fé: um direito da comunidade, em: ibidem, pp. 54-60; H. Waldenfels, Direito a um padre?, em: ibidem, pp. 69-79.

[59] E. Schillebeeckx, *Per una chiesa dal volto umano*, cit., p. 279.

profunda, não se pode mais justificar.[60] Neste sentido, o Vaticano II modificou explicitamente o texto preparatório: onde se lia "amor indiviso" e "consagração a Deus somente" como característica do celibato religioso, o texto definitivo diz: "o precioso dom da divina graça que é dado a alguns pelo Pai (cf. Mt 19,11; 1Cor 7,7), para que na virgindade e no celibato se consagrem mais facilmente com indiviso coração (cf. 1Cor 7,32-34) somente a Deus" (LG 42, §3º). O que o celibato propicia é apenas uma facilidade maior para se consagrar a Deus somente com coração indiviso; não se trata, porém, de nenhuma exclusividade do celibato!

Mas, positivamente, o que significa o celibato por causa do Reino de Deus? Aí parecem estar presentes dois significados – um místico e outro pastoral (ou apostólico) –, que não é possível distinguir adequadamente: "Mística e apostolado (e também o político) constitui dois aspectos ou duas dimensões mútua e intrinsecamente ligados da única fé cristã. É efetivamente responsável e legítimo não se casar para estar plenamente livre ao serviço do trabalho eclesial e, portanto, para o próximo, como outros de fato não se casam (o que não significa, por isso, 'celibato') para poder consagrar-se inteiramente à ciência, à luta por um mundo mais justo etc. (...). Em outros termos, não se casar não é nunca ou raramente objeto de uma escolha pessoal. O objeto próprio da escolha é 'outra coisa', e esta 'outra coisa' toma conta de tal modo de certas pessoas que elas renunciam ao casamento. O fato de não se casar não é, geralmente, uma escolha em si e por si, mas 'em vista de'; em linguagem religiosa: 'em vista do Reino de Deus'"![61]

6. Avaliação crítica

Evidentemente, não se pode negar legitimidade a esta motivação; sobretudo, não há o que objetar à sua dimensão propriamente mística

---

[60] "O amor a Deus e o amor ao próximo vivem reciprocamente um no outro, porque são, em última análise, uma coisa só ("sem separação nem confusão"). O amor a Deus torna-se existencialmente real somente se é amor ao próximo, e o amor ao próximo atinge o seu mistério último, a sua absoluteza e a possibilidade desta absoluteza (diante de um homem finito e pecador) somente se se 'nega, afirma e sublima' (*aufhebt*) em amor a Deus" (K. Rahner, Amore, em: K. Rahner (ed), *Sacramentum Mundi*, cit., p. 79, v. 1).

[61] E. Schillebeeckx, *Per una chiesa dl volto umano*, cit., p. 281.

(ou religiosa). É a que está presente nas palavras de Jesus a respeito dos "eunucos tornados tais pelo Reino dos Céus" (Mt 19,12). Mas poder-se-ia submeter à prova dos fatos sua dimensão pastoral ou apostólica. Será que o celibato favorece efetivamente uma dedicação plena ao apostolado? Teoricamente, diríamos que sim; praticamente, nem sempre. Observa neste sentido Schillebeeckx: "A história de presidentes de comunidades casados, em toda a Reforma, mostrou que o casamento dos ministros, na maior parte dos casos, não prejudicou sua dedicação plena à comunidade. Aliás, em muitos casos, favoreceu-a (...). Na realidade, tudo depende das pessoas em questão, não se pode dizer nada abstratamente e *a priori*. O risco – e os fatos – de egoísmo de celibatários, as sua não disponibilidade, e também a sua grosseria não é menos contestável".[62] Na verdade, o celibato só favorece o empenho pastoral quando é sinal de um desenvolvimento harmonioso da personalidade em seus níveis humano, cristão, apostólico e ministerial. Quando isso não acontece, o celibato é mais um elemento estranho de um conjunto mal articulado. E não faltariam exemplos, infelizmente!

Nesta linha, o que se deveria questionar não é – mais uma vez – o celibato, mas uma *lei geral do* celibato que, fazendo abstração das situações pastorais e pessoais concretas, fundamenta-se numa conveniência abstrata e teórica entre o celibato e ministério, como se, efetivamente, sempre, em toda parte e com todas as pessoas, o celibato representasse o estado de vida ideal para o melhor exercício possível do ministério. O próprio Vaticano II tem consciência das dificuldades (teóricas) que estão por detrás deste argumento, que evolve, de um lado, a questão da relação entre o amor a Deus e o amor (também conjugal) ao próximo e, de outro, a questão da dignidade do matrimônio e do celibato. Diz o Concílio: "De modo especial, favorecem igualmente a santidade da Igreja os múltiplos conselhos que, no Evangelho, o Senhor propõe à observância dos seus discípulos. Entre eles, sobressai o precioso dom da graça divina que é dado a alguns pelo Pai (cf. Mt 19,11; 1Cor 7,7), para que, na virgindade e no celibato, se consagrem *mais facilmente (facilius)* com o coração indiviso (cf. 1Cor 7,32-34). Esta perfeita continência por um amor ao Reino dos céus sempre foi tida pela Igreja em singular

---

[62] Ibidem.

estima, como sinal e estímulo da caridade e fonte peculiar de fecundidade espiritual no mundo" (LG 42). Segundo o Concílio, não existe uma espécie de concorrência entre o amor a Deus e o amor conjugal; nem o "amor indiviso" e a "consagração a Deus somente" devem ser vistos como característica específica do celibato: os "dois amores" estão em níveis diferentes! O texto conciliar, em sua última redação, como já lembramos, reconhece que a consagração total e indivisa a Deus é vocação de todo cristão; o celibato aporta apenas certa facilidade (abstrata e teórica, como já vimos) para realizar esta espiritualidade válida para todos os cristãos.[63]

Muitas conclusões poderiam ser tiradas desta rápida e sucinta revisão das motivações que historicamente foram utilizadas para a introdução e manutenção da lei do celibato. Eis algumas, tiradas após a leitura do clássico estudo de Gryson sobre as origens do celibato eclesiástico:

– "Frequentemente, partidários ou opositores da manutenção da disciplina atual apelam à sua história, que eles utilizam um pouco como uma espécie de reservatório onde se sói procurar os argumentos que possam dar sustentação à tese que se quer defender. Ora, este gênero de recurso à história, que lhe permite fazer dizer tudo o que se quer, não é legítimo e, em última análise, estéril. Permanece, contudo, verdadeiro que não se pode compreender a disciplina do celibato, como está atualmente em vigor, e os problemas que ela coloca, sem situá-la em sua história."[64]

– "Os partidários da dissociação entre sacerdócio e celibato encontrarão nestas páginas algumas lições de sabedoria e de realismo. Mas aquilo que nos impressiona é que aqueles que se opõem à dissociação

---

[63] Onde o chamado "*textus prior*" da *Lumen gentium* dizia: "Deinde virginitas propter regnum coelorum seu Deo dicata castitas, quae quisbusdam a Patre datur (cf. Mt 19,11), tamquam signum quo quis se Deo totum devovet, propter ipsum solum dilectum, et simul tamquam principium spiritualis fecundidatis in mundo", o "*textus emendatus*", que se manteve, trazia: "Inter quae eminet pretiosum gratiae divinae donum, quod a Patre quibusdam datur (cf. Mt 19,11; 1Cor 7,7), ut in virginitate vel coelibato facilius indiviso corde (cf. 1Cor 7,32-34) Deo soli se devoveant" etc. (cf. G. Alberigo; F. Magistretti, *Constitutionis dogmaticae* Lumen gentium *synopsis historica*, Bologna, Istituto per le Scienze Religiose, 1975, p. 203).

[64] J. C. Guy, Le célibat sacerdotal: approches historiques, *Études*, 1971, t. CCCXXXV, p. 94.

celibato-sacerdócio apelam à tradição secular da Igreja latina – e nisto a tradição lhes dá razão – sem dar a impressão de que são conscientes das motivações profundas que criaram esta legislação; e, neste nível, pode-se sustentar que as motivações tradicionais resistem às avaliações antropológicas e teológicas atuais da sexualidade e do casamento?"[65]

– "Sem dúvida, uma lei não é totalmente solidária com seus considerandos, e as razões apresentadas em favor do celibato eclesiástico pelo Vaticano II e por Paulo VI estão nas antípodas dos textos antigos. Mas não podemos tampouco ignorar que esta legislação foi inicialmente tributária de argumentos e de concepções dos quais o que menos se pode dizer é que são ambíguos."[66]

Uma coisa, porém, é certa: a "instituição do celibato" permanece, não obstante as mudanças de motivação; ou, melhor dizendo, permanece através das mudanças de motivação. Num certo sentido, a "instituição" do celibato parece ser mais importante que suas motivações; parece impor-se, na vida vivida, como um absoluto ao qual se devam submeter outros valores espirituais e exigências/necessidades eclesiais. Não seria oportuno voltar os olhos para as necessidades e exigências eclesiais, na tentativa de situar a lei do celibato em relação à evangelização, sob cujo primado deveria a Igreja fazer suas opções pastorais e disciplinares?

V. Lei do celibato: mudar ou manter?

Percorridos o Novo Testamento, a história e as motivações oficiais da lei do celibato, as primeiras conclusões a que se pode chegar parecem ser as seguintes:

– As razões historicamente usadas – em nível oficial – para introduzir a lei do celibato parecem insuficientes e inadequadas, sobretudo se considerarmos nosso contexto atual. Aquelas motivações refletem muito mais uma visão filosófica, antropológica e psicológica inaceitá-

---

[65] D. Dufrasne, *Paroisse et liturgie*, 1970, t. LII, p. 187.

[66] Ph. Delhaye, Les origines du célibat ecclésiastique d'après un ouvrage récent, *Revue théologique de Louvain*, 1970, t. I, p. 847. Para as três últimas notas, cf. R. Gryson, Dix ans de recherches sur les origines du célibat ecclésiastique, op. cit., p. 183.

vel do que o valor do celibato autêntico, como se revela na Sagrada Escritura, na experiência cristã e na tradição dos grandes teólogos e mestres espirituais.

– A Sagrada Escritura apresenta o celibato como um carisma gratuito e livre que manifesta algo do absoluto do Reino e do engajamento do homem na causa do Reino. Neste sentido, o celibato antecipa valores próprios do Reino e apresenta-se como sinal profético da entrega total a serviço do Reino. Ademais, em uma cultura como a nossa, marcada pelo materialismo, consumismo e hedonismo, atuaria como sinal que denuncia o antirreino e anuncia uma nova sociedade e um novo homem.

– Exatamente por isso, deve-se reconhecer o valor indiscutível da opção celibatária, que é sempre uma graça concedida a alguns (cf. 1Cor 7,7), como caminho de autêntica realização humana, cristã e apostólica.

– Do outro lado, em nome da própria consideração do celibato como carisma livremente dado e livremente assumido, é *legítimo e necessário* questionar a lei do celibato, partindo sempre do pressuposto, acolhido explicitamente pelo Magistério da Igreja, de que a relação entre o celibato e ministério é uma relação de conveniência e não de intrínseca necessidade.

– Sobre estas bases podemos montar uma espécie de análise de "custos e benefícios" de uma eventual revisão da lei do celibato pela autoridade competente, facultando, assim, na modalidade que viesse a ser estabelecida, a ordenação também de homens casados.

1. Vantagens da manutenção

Partindo-se do reconhecimento de que o celibato é, em si, um projeto válido de existência, uma forma possível de realização pessoal, cristã e apostólica, há, sem dúvida, vantagens em se manter a lei do celibato, na medida em que a lei possa servir-lhe de apoio:

– O ser humano pode optar por um valor concreto (o celibato), renunciando a outros valores (o matrimônio); esta opção, realizada sob o impulso do carisma, sobre o pressuposto de uma decisão livre e a serviço de um ideal, propicia a descoberta de novos sentidos para a vida, que tomam corpo no serviço desinteressado aos demais, numa maior disponibilidade, numa mais clara afirmação dos valores do Reino, na projeção mais dinâmica da própria vida para a escatologia, numa maior relativização das possibilidades humanas etc. A partir daí, o celibatário é capaz de concentrar, integrar, articular e realizar as diversas dimensões de sua existência, sem entrar em contradição nem com o chamado de Deus nem com sua vocação humana; é possível também, dentro do celibato, ser plenamente humano e plenamente cristão; por razões de conveniência, a Igreja achou por bem condicionar o acesso ao ministério presbiteral e episcopal a homens que previamente tivessem feito a opção celibatária; uma instituição pode legitimamente estabelecer os requisitos que julgar indispensáveis ou convenientes a seus funcionários.

– A livre renúncia ao matrimônio por causa do Reino e a serviço da comunidade é uma forma de vida muito adequada para o ministério sacerdotal, em sua dimensão de "símbolo" da relação entre Deus e o homem e de expressão das realidades transcendentes.

– O presbítero celibatário, quando vive autenticamente o celibato, é uma demonstração de que é possível, em determinadas condições, viver a sexualidade sem genitalidade.

– Sempre teoricamente, haveria também vantagens de ordem prática: maior facilidade de remoção, economia na manutenção do clero, maior liberdade e disponibilidade para seu serviço específico, disponibilidade missionária, favorecimento da vida contemplativa, maior liberdade de ação da Igreja no mundo, certa homogeneidade do clero etc.

2. Desvantagens da manutenção

Dentre as diversas desvantagens da manutenção da lei do celibato, assinalamos:

– O agravamento do déficit presbiteral em diversos países – agravamento em parte ligado à impossibilidade de se ordenar homens casados comprovadamente idôneos (chamados *"viri probati"*) –, podendo esta situação comprometer, segundo a opinião de inúmeros bispos locais, o futuro da Igreja nestas regiões ou, ao menos, um catolicismo integral.

– Dificuldade de se manter nos fatos o nexo, tão insistentemente afirmado e urgido pela tradição católica, entre a vida cristã e eclesial e a celebração da Eucaristia, "o cume para o qual tende a ação da Igreja e, ao mesmo tempo, a fonte donde emana toda a sua força" (SC 10).

– O fato de que, em relação direta com a lei do celibato, um número significativo de candidatos ao sacerdócio e de sacerdotes apresente uma constelação psicológica, em grande parte *inconsciente*, caracterizada por uma vinculação preferencial com a mãe, cujos reflexos na elaboração e apresentação da imagem de Deus, nas relações com a autoridade e com o mundo feminino, podem prejudicar o exercício do ministério e o conjunto da vida da Igreja.

– A exclusão de candidatos ao ministério presbiteral, sob outros aspectos reconhecidamente idôneos, mas desprovidos do carisma do celibato.

– O empobrecimento, em termos humanos e culturais, que representa, para a vida e a missão da Igreja, a existência de um clero (em nível presbiteral e episcopal) exclusivamente célibe. Um ministério presbiteral e episcopal em mãos somente de homens celibatários é humanamente mais pobre que um ministério presbiteral e episcopal assumido por homens casados e por homens celibatários.

3. Vantagens da modificação

Ainda que a crise do ministério presbiteral (e episcopal) seja muito mais profunda e ampla que a crise do celibato, uma vez que se acha inscrita no contexto maior das transformações radicais por que passa a cultura mundial, não devendo, portanto, atribuir-se a uma modificação da lei do celibato um alcance maior do que efetivamente teria, uma eventual modificação da lei do celibato, em determinadas circunstância, poderia trazer consigo:

– Um maior aproveitamento de pessoas de inegável valor que o atual sistema de recrutamento, seleção e formação de candidatos às ordens, em função da exigência do celibato, normalmente recusa.

– Uma maior valorização do próprio celibato, que se imporia por seu valor carismático próprio e não por um recurso canônico.

– Valorização da vida religiosa em seu próprio âmbito e sentido, pois esta teria mais chances de estar ligada a uma opção mais consciente e madura, enquanto, no estado atual, muitas vezes, pouco se distingue praticamente de outras formas de serviço e de vida na Igreja.

– Uma transformação" cultural" na estrutura ministerial da Igreja católica pela introdução dos valores e vivências típicos da vida conjugal e familiar num mundo unidimensional sob estes dois aspectos.

– Possível superação de certas situações de vida irregular ("dupla vida" levada por alguns celibatários) e do consequente contratestemunho em prejuízo da credibilidade da Igreja.

– Possível aumento do contingente de presbíteros diocesanos e seculares.

– Distinção prática mais clara entre os presbíteros diocesanos e presbíteros religiosos, cujos carismas e estado de vida ressaltariam melhor.

– A possibilidade de uma melhor seleção e qualificação do clero por conta de um contingente maior de candidatos.

4. Desvantagens da modificação

Costuma-se indicar sobretudo os seguintes riscos de uma eventual modificação da lei do celibato:

– Uma eventual diminuição da liberdade da Igreja diante das autoridades políticas, muitas vezes totalitárias ou sectárias.

– Provável decréscimo do recrutamento de candidatos aos institutos de vida consagrada.

– Dificuldade de garantir a situação financeira do clero casado, se sua introdução mantiver inalterado o perfil sociopastoral do atual clero etc.[67]

---

[67] Cf. H.-M. Legrand, Ministerios de la Iglesia local, op. cit., pp. 244-247; B. Kloppenburg, O Sínodo dos Bispos de 1971, *REB* 31 (1971), pp. 909s.

VI. Mas... é possível mudar a lei?

A esta pergunta deve-se responder, com toda a clareza e sem tergiversação, que sim. E por inúmeras razoes:

– Em primeiro lugar, porque "a conexão histórica existente entre celibato e ministério apostólico não é necessária. O ministério é possível sem celibato, assim como o celibato é possível sem o ministério. A união ou a dissociação entre estas duas realidades, que foram introduzidas pela tradição eclesiástica, não provêm de uma necessidade dogmática, mas de um contingente julgamento pastoral de valor".[68]

– A análise dos dados da Escritura e da Tradição evidencia que "a lei do celibato, longe de ser um absoluto, deve relativizar-se, não só em função de bens superiores, mas também em razão da visão filosófica, da concepção antropológica, das situações políticas, dos interesses eclesiásticos, das complicações econômicas que lhe deram origem e a consolidaram".[69]

– Além disso, "o celibato não é a única expressão possível de forma de vida espiritual adequada ao sacerdócio, e representa um carisma próprio e distinto, cuja conexão necessária e insuprimível com ele não pode ser provada teologicamente. (...) Não se pode, portanto, colocar em risco o bem maior, isto é, a salvação da comunidade e do sacerdote, para manter um bem certamente elevado, mas de forma alguma o maior".[70]

– Na medida em que a exigência do celibato impede que haja um número de sacerdotes suficientes para atender às necessidades da evangelização e do serviço pastoral às comunidades, sobretudo a celebração da Eucaristia, cuja presidência exige a presença de um presbítero (ou bispo), a Igreja deveria estar disposta, não a renunciar ao bem do celi-

---

[68] Comissão Teológica Internacional, *Le ministère sacerdotal*, Paris, 1971, p. 103.

[69] D. Borobio, *Ministerio sacerdotal, ministerios laicales*, cit., p. 344.

[70] W. Kasper, Ser y misión del sacerdote, *Selecciones de Teología* 75 (1980), p. 249.

bato, mas a rever a lei que vincula a ordenação presbiteral ao requisito prévio do celibato.[71]

– A postulação de uma revisão da lei do celibato, assim como não vê nenhuma razão de necessidade na conexão entre o celibato e ministério, também não vê nenhum absurdo nesta conexão: "Quando a hierarquia une virgindade e ministério, ela não desnatura o carisma; antes, atualiza sua destinação e referência comunitária, de outro lado essenciais a todo carisma. O fato de a Igreja postular um dom carismático naqueles que exercem o ministério, testemunha a força transformadora do sacramento (palavra e Espírito) que confere o ministério e anima o ministro por toda a sua vida. Uma dissociação radical entre carisma e lei ignora o caráter específico da Igreja, que é constituído pela Encarnação. Pela Encarnação, com efeito, Deus se submete a um lugar e a um tempo, recebe a natureza humana de Maria, liga-se a alguns apóstolos e a uma Igreja, testemunhas necessárias de sua vida e de suas palavras".[72] A postulação de uma revisão da lei do celibato questiona, isso sim, a sua absolutização e generalização sem nenhuma consideração por aquelas circunstâncias pessoais e eclesiais em que a lei se converte em obstáculo para a realização de valores e direitos superiores.[73]

– O que realmente se pretende é que as necessidades da evangelização e das comunidades eclesiais tenham prioridade sobre uma condição pessoal do ministro – no caso, o seu estado celibatário –, quando esta condição, ainda que muito conveniente, não é essencial para o ministério e para o seu exercício: "A afirmação de que uma vida de discípulo de Cristo, vivida na pobreza, na virgindade, na alegria e no serviço ao próximo, é a condição que a hierarquia deve considerar como a melhor para poder assumir o ministério apostólico, não significa que ela deva exigi-la sempre e de todos os candidatos possíveis na mesma

---

[71] Cf. D. Borobio, *Ministerio sacerdotal, ministerios laicales*, cit., p. 345; K. Rahner, *Cambio estructural de la Iglesia*, Madrid, Cristiandad, 1974, p. 135; R. Egenter, Erwägungen zum Pflichtzölibat der katholischen Priester, *Stimmen der Zeit* 9 (1977), pp. 635-638; etc.

[72] Comissão Teológica Internacional, *Le ministère sacerdotal*, cit., p. 105.

[73] Cf. N. Greinacher, O direito da comunidade ter o seu próprio sacerdote, *Concilium* 153 (1980/3), pp. 80s.

medida. Se aqueles que vivem na virgindade testemunham certos aspectos e certos valores do Evangelho que anunciam, aqueles que vivem no matrimônio, se chamados ao ministério, podem testemunhar outros valores deste mesmo Evangelho".[74]

– Teologicamente, não existe objeção a que haja, ao lado de um clero celibatário, um clero casado: "A hierarquia, responsável pelo anúncio, (...) pode escolher, para exercer o ministério apostólico, de um lado, aqueles que foram chamados e já vivem o carisma da virgindade e, de outro lado, aqueles que, no matrimônio, por uma experiência de numerosos anos, adquirem uma maturidade humana e profissional, um *equilíbrio* familiar e sobretudo um valor apostólico no sentido pelas Epístolas Pastorais".[75]

VII. À procura de uma alternativa... "apostólica"

A urgência da evangelização e as necessidades das comunidades eclesiais, de um lado, e o déficit de presbíteros para assumir estas responsabilidades, naquilo em que a presença do presbítero é indispensável e insubstituível, do outro lado, constituem um apelo vigoroso a que as autoridades responsáveis encarem, com serenidade, objetividade e coragem, a possibilidade de se rever a aplicação da lei do celibato, no mais amplo contexto de uma pastoral ministerial (voltada para todas as formas de serviços e ministérios na Igreja) e de uma pastoral presbiteral (destinada especificamente à vida e ao ministério dos presbíteros).

A discussão deste problema deve interessar a Igreja toda, embora sua solução final seja da competência do papa e dos bispos. Aos teólogos, especificamente, cabe contribuir, a partir de seu carisma e de seu ministério na Igreja, para que as questões colocadas à consciência da Igreja amadureçam crítica e sistematicamente à luz da revelação.

Ora, à luz da revelação, o ministério presbiteral tanto pode ser confiado a um celibatário como a um casado. O Novo Testamento co-

---

[74] Comissão Teológica Internacional, *Le ministère sacerdotal*, cit., p. 106.

[75] Ibidem.

nhece as duas possibilidades. Sendo assim, a autoridade competente na Igreja pode (não se trata de nenhum dogma, mas de um julgamento prático em função de todas as circunstâncias implicadas) retomar o caminho aberto pelas Epístolas Pastorais para responder ao bem maior da evangelização e das necessidades pastorais das comunidades eclesiais, ordenando presbíteros a homens casados.

Não se trataria, pelo menos num primeiro momento, de abolir a lei geral do celibato, mas de dispensar da lei geral determinadas pessoas em determinadas circunstâncias (pessoais e eclesiais). Aliás, algo semelhante já se fez, por exemplo, no pontificado de Pio XII, em favor de ex-pastores protestantes alemães e dinamarqueses. Trata-se, agora, simplesmente, de estender a prática inaugurada por Pio XII a outras circunstâncias.

Assim expõe Grelot essa hipótese: "Se, por motivos pastorais imperiosos, os depositários legítimos da 'sucessão apostólica' estimassem necessário e oportuno chamar ao ministério e ordenar para ele homens casados, eles encontrariam nas Epístolas Pastorais diretrizes gerais que os guiariam em sua prudência prática. Esta prudência (...) não é menos necessária para ordenar celibatários ou viúvos: a verificação das aptidões – diversificadas segundo as funções a cumprir –, a sondagem aprofundada das intenções, o exame sério do apego à verdadeira doutrina e do reto julgamento, o parecer de membros das comunidades eclesiais cujo senso evangélico é suficientemente afinado, o 'testemunho' dado pelos 'de fora', estão previstos nestes textos e valem tanto para os casados como para os celibatários. Sublinhei nos mesmos textos alguns traços essenciais que dizem respeito à vida conjugal e familiar *bem-sucedida* dos candidatos ao ministério. Numa época em que a família conhece crises de todos os gêneros, este ponto não pode ser esquecido. A esposa de um homem que seria chamado ao ministério pastoral deveria ser para ele uma cooperadora eficaz – e bastante humilde para não invadir responsabilidades do marido: pode-se imaginar o engajamento comum de Áquila e Prisca (ou Priscila), nos Atos dos Apóstolos e nas Cartas Paulinas. Mas, como avaliar o êxito da vida familiar e da educação dos filhos, sem submetê-las à prova do tempo? Se este sucesso está globalmente assegurado, ou se é possível normalmente esperá-lo como se conta com a fidelidade dos celibatários, então, o problema poderia efetivamente ser colocado em função das necessidades da Igreja e da disponibilidade dos sujeitos".[76]

Nesta hipótese, não seria necessária uma abolição da lei geral: os "julgamentos práticos" dizem sempre respeito a casos particulares, e as autoridades competentes teriam o direito de autorizar, a título experimental e local, derrogações da lei geral para aqueles casos que se apresentarem nas melhores condições. A elaboração de uma nova "lei" geral viria eventualmente num segundo momento, em função dos resultados observados nessas experiências limitadas. Como observa Legrand, "uma solução pastoral e cristãmente satisfatória não só requer tempo, mas também uma série de reflexões intelectuais, espirituais e institucionais, cujos custos não se podem dissimular".[77]

Para alguns, esta proposta pode parecer excessivamente tímida; para outros, pode parecer uma provocação, diante das reiteradas declarações do Magistério no sentido de não reabrir esta questão. Para nós, trata-se de "examinar, a partir do Novo Testamento, um caminho que este conheceu e que, desde então, subsiste a título de possibilidade, uma vez que pertence à tradição apostólica". Não nos antecipamos ao julgamento prático das autoridades responsáveis; tão somente sublinhamos "as condições que o 'depósito apostólico poria para tornar eficaz e frutuosa, não de uma maneira visível e imediata, mas a médio e a longo prazo, qualquer inovação no direito positivo (costumeiro ou escrito)".[78]

A modo de conclusão

Ficam aí estas reflexões... para se continuar a reflexão. Sobre bases bíblicas, históricas, antropológicas, teológicas e pastorais suficientemente consistentes para fazer a reflexão avançar.

Não se trata de concluir. Definitivamente, não. Muitas vezes já se encerrou a discussão... sem que esta tivesse realmente começado. Este

---

[76] P. Grelot, *Église et ministères*, cit., p. 231.

[77] H.-M. Legrand, Ministerios de la Iglesia local, op. cit., p. 247.

[78] P. Grelot, *Église et ministères*, cit., p. 233.

não parece ser um bom método para se encaminhar questões tão sérias. Nem evangélico.

Algumas questões para não interromper a conversa. Assim, como fluem. Não é o caso de nos determos um pouco mais sobre o sentido do celibato na Sagrada Escritura? E de nos determos mais ainda sobre o sentido do ministério – e dos ministérios! – na Sagrada Escritura? E a história dos ministérios na Igreja, já paramos para analisar? Suas formas, suas evoluções, suas reduções, suas adaptações, suas interpretações teológicas, seus modelos pastorais, espirituais, teológicos? Quem já parou para estudar o pensamento dos padres em seu contexto cultural, filosófico, pastoral, político? Em que medida antigas motivações equivocadas do celibato não continuam presentes no subconsciente de muitos de nós? O que está por detrás (ou por debaixo?) de nossas resistências em encarar de frente a questão da lei do celibato? Um problema de poder? Uma questão de prestígio? A segurança do ter? Mas não são estes os ídolos que o Messias Jesus crucificou em sua cruz vitoriosa? Como justificamos para nós mesmos nosso celibato? Como justificamos nosso celibato para os outros? Com a lei? Seria o celibato, vinculado por lei ao ministério, um distintivo sagrado num mundo em que o sagrado tradicional se eclipsou? O deslocamento do sagrado não deveria deslocar também seus significantes? Será pelo celibato, devidamente codificado, que nos devemos distinguir dos demais fiéis e dos ministros de outros grupos religiosos? E a lei? Como fica o instituto da lei na economia da Nova Aliança? O celibato precisa mesmo do apoio da lei? Será que espírito não é suficientemente vigoroso para dispensar este tipo da lei? O que está pesando mais na lógica da instituição: as necessidades da evangelização ou um atributo, em última análise, secundário, do evangelizador? Será que a evangelização precisa de um único modelo de presbítero? A complexidade do mundo e da tarefa evangelizadora não postula uma articulada diversificação de modelos presbiterais? Não devem os ministérios, salvaguardada sua identidade substancial, adequar-se às necessidades da vida eclesial e aos desafios da evangelização? Será que sempre e em toda parte um presbítero celibatário serve mais e melhor à Igreja e à evangelização? Como vamos evangelizar o século XXI, se o século XX nos escapa por todos os vãos? Até que ponto uma lei eclesiástica, venerável que seja, pode, na prática, antepor-se ao imperativo maior da evangelização universal: "Ide, portanto, e fazei que todas as nações se tornem discípulos, batizando-os em nome do Pai, do Filho e do Espírito Santo e ensinando-os a observar tudo quanto vos ordeneis. E eis que eu estou convosco todos os dias, até a consumação dos séculos!" (Mt 28,19-20)?".[79]

---

[79] *Revista Eclesiástica Brasileira*, 50 (197), março 1990, pp. 138-172.

Bibliografia

ALLMEN, J. J. *Estudo sobre a Ceia do Senhor*. São Paulo: Duas Cidades, 1968.

ALMEIDA, A. J. *Os ministérios não ordenados na Igreja latino-americana*. São Paulo: Loyola, 1989.

_____. *A teologia dos ministérios não ordenados na Igreja da América Latina*. São Paulo: Loyola, 1989.

_____. *O ministério dos presbíteros-epíscopos na Igreja do Novo Testamento*. São Paulo: Paulus, 2001.

_____. *Novos ministérios. A necessidade de um salto à frente*. São Paulo: Paulinas, 2013.

ASSOCIAZIONE ITALIANA "NOI SIAMO CHIESA" (ed.). *Eucaristia senza prete? Il rapporto dei domenicani olandesi. Un dibattito*. Molfetta: Edizioni La Meridiana, 2009.

BANKS, R. Ordinamento e governo della Chiesa, em: HAWTHORNE, G. F.; MARTIN, R. P.; REID, D. G. (ed.). *Dizionario di Paolo e delle sue Lettere*. San Paolo: Cinisello Balsamo, 1999.

BARBAGLIO, G. *As Cartas de Paulo (I)*. São Paulo: Loyola, 1989.

BEOZZO, J. O. *A Igreja do Brasil no Concílio Vaticano II. 1962-1965*. São Paulo: Paulinas, 2005.

BERARDINO, A. *Dizionario patrístico e di antichità cristiane*. Torino: Marietti, 1999.

BO, V. *Storia della parrocchia. I secoli delle origini*. Roma: EDB, 1992.

BOFF, L. *Eclesiogênese*. Petrópolis: Vozes, 1977.

BORRAS, A. *Le diaconat au risque de sa nouveauté*. Bruxelles: Lessius, 2007.

_____. *Quand les prêtres viennent à manquer. Repères théologiques et canoniques en temps de précarité*. Paris/Montréal: Médiaspaul, 2017.

_____; ROUTHIER, G. *Les nouveaux ministères. Diversité et articulation*. Montréal: Médiaspaul, 2009.

CASTAGNARO, M.; EUGENIO, L. *Il dissenso soffocato: un'agenda per Papa Francesco*. Molfetta (BA): Edizioni La Meridiana, 2014.

CASTELLUCCI, E. *Il ministero ordinato*. Brescia: Queriniana, 2002.

CATTANEO, E. *I ministeri nella Chiesa Antica. Testi patristici dei primi tre secoli*. Milano: Paoline, 1997.

CHEVALIER, M.-A. *Esprit de Dieu, paroles d'hommes. Le rôle de l'Esprit dans les ministères de la parole selon l'apôtre Paul*. Neuchâtel: Delachaux et Niestlé, 1966.

COMISSÃO TEOLÓGICA INTERNACIONAL. *Le ministère sacerdotal*. Paris: Du Cerf, 1971.

COMMISSIONE TEOLOGICA INTERNAZIONALE. Il diaconato: evoluzione e prospettive. *Il Regno. Documenti,* 48 (2003), pp. 275-303.

CONGAR, Y. Religion et institution, em: AA.VV. *Théologie d'aujourd'hui et de demain*. Paris: Cerf, 1967.

DIANICH, S. *La chiesa mistero di comunione*. Genova: Marietti, 1975, 1981, 2013.

_____. *Teologia del ministero ordinato. Un'interpretazione ecclesiologica*. San Paolo: Cinisello Balsamo, 1984.

_____. *Ecclesiologia. Questioni di metodo e una proposta*. Cinisello Balsamo: Paoline, 1993.

_____; NOCETI, S. *Trattato sulla Chiesa*. Brescia, Queriniana, 2002.

DUSSEL, E. D. *Desintegración de la cristiandad colonial y libertación. Perspectiva latino-americana*. Salamanca: Sígueme, 1978.

FABRIS, R. *Prima Lettera ai Corinzi*. Milano: Paoline, 1999.

_____. Eucaristia e comunione ecclesiale in Paolo (1Cor 10), *Parola Spirito Vita* (7/1979), pp. 142-158.

FAIVRE, A. *Os leigos nas origens da Igreja*. Petrópolis: Vozes, 1992.

FUENTE, E. B. *100 momentos-llave de la teología cristiana*. Burgos: Monte Carmelo, 2010.

GANOCZY, A. *Os sacramentos. Estudo sobre a doutrina católica dos sacramentos*. São Paulo: Loyola, 1988.

GERKEN, A. *Teologia dell'eucaristia*. Alba: Edizioni Paoline, 1977.

GIRARDI, L. *Sacrosanctum Concilium Inter mirifica*, em: NOCETI, S.; REPOLE, R. (ed.). *Commentario ai Documenti del Vaticano II*. Bologna: EDB, 2014.

GIRAUDO, C. Eucaristia e Chiesa, em: CALABRESE, G.; GOYRET, F.; PIAZZA, O. F. (ed.). *Dizionario di ecclesiologia*. Roma: Città Nuova, 2010.

_____. *Num só corpo. Tratado mistagógico sobre a eucaristia*. Loyola: São Paulo, 2003.

GREINACHER, N. O direito de a comunidade ter o seu próprio sacerdote, *Concilium* 153 (1980/3), pp. 80-88.

GRELOT, P. *Église et ministères. Pour un dialogue critique avec Edward Schillebeeckx*. Paris: Cerf, 1983.

GRYSON, R. *Les origines du célibat ecclésiastique du premier au septième siècle*. Gembloux: Ducoulot, 1968.

_____. Dix ans de recherches sur les origines du célibat ecclésiastique. Réflexion sur les publications des années 1970-1979. *Revue Théologique de Louvain*, 1980 (11-2), pp. 157-185.

GUERRA, M. El sacerdocio y el ministerio de la eucaristia en las primeras comunidades cristianas, *Teología del sacerdocio* 9 (1977), pp. 41-118.

JUNGMANN, J.-A. *Missarum solemnia. Explication génétique de la Messe romaine*. Paris: Aubier, 1950.

KERKHOFS, J. Sacerdotes e "paróquias". Resumo estatístico, *Concilium*/153 (1980/3), pp. 6-15.

_____; ZULEHNER, P. M. Quelle direction prendre? Pistes à explorer, em: KERKHOFS, J. (ed.). *Des prêtres pour demain. Situations européennes*. Paris/Bruxelles: Cerf/Lumen Vitae, 1998.

KÜNG, H. *La Chiesa*. Brescia: Queriniana, 1969.

LEGRAND, H.-M. La présidence de l'Eucharistie selon la tradition ancienne, *Spiritus* 69 (1977), pp. 409-431.

_____. Ministerios de la Iglesia local, em: B. Lauret; F. Refoulé, *Iniciación a la práctica de la teología. Dogmática 2*. Madrid: Cristiandad, 1985, pp. 244-247.

LEMAIRE, A. *Les ministères aux origines de l'Église. Naissance de la triple hiérarchie: évêques, presbytres, diacres.* Paris: Cerf, 1968.

_____. *Os ministérios na Igreja.* São Paulo: Paulinas, 1977.

LÉON-DUFOUR, X. *O partir do pão eucarístico segundo o Novo Testamento.* São Paulo: Loyola, 1984.

LOBINGER, F. Desenvolver-se na fé: um direito da comunidade, *Concilium*/153, 1980/3, pp. 54-60.

_____; *Altar vazio. As comunidades podem pedir a ordenação de ministros próprios?* Aparecida: Santuário, 2010.

_____; ZULEHNER, P. M. *Padres para amanhã. Uma proposta para comunidades sem Eucaristia.* São Paulo: Paulus, 2007.

LUBAC, H. *Cattolicismo. Aspetti sociali del dogma.* Milano: Jaca Book, 1978.

_____. Corpus Mysticum. L'Eucaristia e la Chiesa nel Medioevo. Milano: Jaca Book, 1996.

MAFFEIS, A. *Communio Sanctorum. La chiesa come comunione dei santi.* Brescia: Morcelliana, 2003.

_____. Creatura Verbi: Possibilità e limiti di una nozione ecclesiologica, em: NOCETI, S.; CIOLI, G.; CANOBBIO, G. *Ecclesiam intelligere. Studi in onore di Severino Dianich.* Bologna: EDB, 2012, pp. 367-394.

MARGUERAT, D. *La première histoire du christianisme. Les Actes des Apôtres.* Paris-Génève: Labor et Fides, 1999.

MARTINA, G. *La Chiesa nell'età dell'assolutismo, del liberalismo e del totalitarismo. Da Lutero ai nostri giorni.* Brescia: Morcelliana, 1970.

NOCETI, S. La costituzione gerarchica della Chiesa e in particolare l'episcopato, em: NOCETI, S.; REPOLE, R. (ed.). *Commentario ai Documenti del Vaticano II. Lumen gentium.* Bologna: EDB, 2015.

PENNA, R. *Le prime comunità cristiane. Persone, tempi, luoghi, forme, credenze.* Roma: Carocci, 2011.

PERROT, C. L'Eucaristia nel Nuovo Testamento, em: BROUARD, M. (ed.). *Eucharistia. Enciclopedia dell'Eucaristia.* Bologna: EDB, p. 77.

PIÉ-NINOT, S. *Teología fundamental.* Madrid: Biblioteca de Autores Cristianos, 2016.

RAHNER, K. *Chiesa e sacramenti*. 4. ed. Brescia: Morcelliana, 1973.

_____. El futuro de la Iglesia y la teología, em: RAHNER, K.; HÄRING, B. *Palabra en el mundo*. *Estudios sobre la teología de la predicación*. Salamanca: Sígueme, 1972.

RICCARDI, A. *Il potere del papa*. *Da Pio XII a Paolo VI*. Bari: Laterza, 1988.

RIGHETTI, M. *Manuale di storia liturgica*. Milano: Ancora, 1966.

ROSMINI, A. *Las cinco llagas de la Santa Iglesia*. *Tratado dedicado al clero católico*. Maracaibo: Ediciones Península, 1968.

ROUTHIER, G. La Chiesa nata dalla Parola, em: BRESSAN, L.; ROUTHIER, G. *L'efficacia della parola*. Bologna: EDB, 2011, pp. 115-129.

SCHILLEBEECKX, E. *Le ministère dans l'Église*. *Service de la présidence de la communauté de Jésus-Christ*. Paris: Cerf, 1981.

_____. *Plaidoyer pour le peuple de Dieu*. *Histoire et théologie des ministères dans l'Église*. Paris: Cerf, 1987.

SESBOÜÉ, B. *Rome et les laïcs*. *Une nouvelle pièce au débat: l'Instruction romaine du 15 août 1997*. Paris: Desclée du Brouwer, 1998.

STEIL, C. A.; TONIOL, R. O catolicismo e a Igreja católica no Brasil à luz dos dados sobre religião no Censo de 2010. *Debates do NER*, Porto Alegre, Ano 14, n. 24, pp. 223-243, jul./dez. 2013.

SULLIVAN, F. A. *Capire e interpretare il Magistero*. *Una fedeltà creativa*. Bologna: Dehoniane, 1997.

TABORDA, F. *A Igreja e seus ministros*. *Uma teologia do ministério ordenado*. São Paulo: Paulus, 2011.

TEIXEIRA, F. L. C. *A fé na vida*. *Um estudo teológico-pastoral sobre a experiência das comunidades eclesiais de base no Brasil*. São Paulo: Loyola, 1987.

_____. *A gênese das CEBs no Brasil: elementos explicativos*. São Paulo: Paulinas, 1988.

_____. *Comunidades eclesiais de base: bases teológicas*. Petrópolis: Vozes, 1988.

VALLE, R.; PITTA, M. *Comunidades católicas: resultados estatísticos no Brasil*. Petrópolis: Vozes/CERIS, 1994.

ZIRKER, H. *Ecclesiologia*. Brescia: Queriniana, 1987.

Impresso na gráfica da
Pia Sociedade Filhas de São Paulo
Via Raposo Tavares, km 19,145
05577-300 - São Paulo, SP - Brasil - 2018